减法家长

激发孩子内驱力的秘密

韦志中 周治琼 ○ 著

中国宇航出版社

·北京·

版权所有　侵权必究

图书在版编目（CIP）数据

减法家长：激发孩子内驱力的秘密 / 韦志中，周治琼著. -- 北京：中国宇航出版社，2025.1（2025.1重印）. -- ISBN 978-7-5159-2452-6

Ⅰ．G791；G782

中国国家版本馆CIP数据核字第2024GX1943号

策划编辑 张文丽		**责任校对** 谭　颖	
责任编辑 田芳卿		**封面设计** 毛　木	

出　版 发　行	中国宇航出版社		
社　址	北京市阜成路 8 号 （010）68768548	邮　编	100830
网　址	www.caphbook.com		
经　销	新华书店		
发行部	（010）68767386 （010）68767382	（010）68371900 （010）88100613（传真）	
零售店	读者服务部 （010）68371105		
承　印	北京中科印刷有限公司		
版　次	2025 年 1 月第 1 版	2025 年 1 月第 2 次印刷	
规　格	880×1230	开　本	1/32
印　张	6.75	字　数	129 千字
书　号	ISBN 978-7-5159-2452-6		
定　价	49.00 元		

本书如有印装质量问题，可与发行部联系调换

推荐序一

激发青少年内驱力的金钥匙

在当今这个信息爆炸、竞争激烈的时代,青少年的成长之路充满了前所未有的挑战与机遇。在这一关键时期,如何帮助他们建立强大的内心驱动力,成为无数家长和教育工作者共同关注的焦点。正是在这样的背景下,"激发内驱力"系列图书《减法家长:激发孩子内驱力的秘密》《加法孩子:激发学习内驱力的秘密》应运而生,它以独特的视角和深刻的洞察力,为我们揭示了一条通往青少年内心世界的全新路径。

本系列书的核心理念是:父母应该保持边界感,善于做"减法";孩子则应在学习与成长中巧用"加法",进而提升学习的内驱力。这一核心理念不仅是对传统教育模式的深刻反思,更是对现代家庭教育智慧的精准提炼。在孩子的成长过程中,作者深谙父母角色至关重要,但过度的干预与保护,往往会束缚住孩子的翅膀,阻碍他们自由飞翔。因此,书中指导父母学会适时放手,设定合理的界限,让孩子在适度的自由空间中探索自我,学会独立。这种做"减法"的智慧,实则是在为孩子的成长清除障碍,让他们的内驱力得以自然萌发与成长。

当然,"减法"并不意味着放任自流。书中强调,父母在保持边界感的同时,也要密切关注孩子的情绪变化和心理需求,适时给予指导和支持。这种"有所放有所不放""有温度的放手",既能够让孩子感受到父母的关爱,又能够培养他们的独立性和自主性。

与此同时,本系列图书强调孩子应在情绪管理、人际关系以及压力处理等方面不断学习与实践,这是孩子们"做加法"的关键所在。情绪管理教会孩子如何识别、表达并调节自己的情绪,使他们能够在面对挑战时保持冷静与理智;学习人际关系技巧则有助于他们建立健康、积极的社会关系,为未来的团队合作与社交活动打下坚实的基础;掌握压力处理技巧,则能让孩子在快节奏的现代生活中游刃有余,保持身心的平衡与和谐。这些"加法"不仅丰富了孩子的内在世界,更是在无形中激发了他们的内在动力,使他们在面对困难与挑战时能够主动出击,勇往直前,提高"逆商"。

值得一提的是,本系列图书在阐述家庭教育理念的同时,还提供了大量实用、具体的操作指南和案例分析,让读者能够轻松理解并付诸实践。这些基于科学研究与实践经验的建议,既严谨又贴心,为家长和教育工作者提供了一套切实可行的行动框架,帮助他们更有效地引导孩子走向成功与幸福。

在阅读该系列图书的过程中,我深受启发,仿佛又回到了青少年时代,以及初为人父的时光。那时,也曾迷茫,也曾彷徨,也曾犯过许多今天家庭所犯的错误。如果当时有这样一套图书，应该会少走许多弯路。我相信，这套图书能够给广大家长和青少年带来同样的感受和收获。

这套图书就像是一位智慧的老友，用轻松的语言和真挚的情感，讲述着关于成长的故事，传递关于内驱力的秘密。它不仅是一套关于教育的图书，更是一套关于成长、关于自我发现的图书。它让我们明白，真正的成长不是外在的灌输和强加，而是内心的觉醒和驱动。因此，我衷心推荐这套图书给每一位关心青少年成长的家长和正在成长道路上前行的青少年朋友们。愿这套图书能够成为家长和青少年成长路上的良师益友，陪伴大家一起走过这段充满挑战和机遇的旅程。

肖利军

解放军总医院第三医学中心医学心理科主任

推荐序二

新时代如何当好家长

面对当今孩子表现出来的高自尊、低欲望、玻璃心、"摆烂"的情况，部分家长在亲子教育问题上遇到了前所未有的挑战。像我们父辈一样管教孩子的办法已经不灵了，在这种情况下，新一代父母如何成为称职的家长？当家长是否需要专业的学习？

从心理学的视角来看，当今的孩子在物质生活方面已经比几十年前的孩子好了很多，但他们在心理生活方面却面临着许多困境：缺乏自由探索和成长的空间，缺乏试错和失败的环境；无法接受自己的普通和平凡……在家长高期望和全天候、无死角的"监管"下，孩子们表现出许多心理症状，他们的求知欲、探索动力和成就感，也在这样的环境中消失不见。

从这个意义上讲，很多孩子的心理问题，来自环境以及与父母或家庭中不恰当的互动，孩子是在替社会和家庭在生病。家长们都希望自己的子女成龙成凤，为了实现这一目标不惜付出一切代价。令许多家长意想不到的是，当孩子们进入社会的时候，不少孩子却因心理发展不健全和能力不足，被排除在社会之外，还谈什么竞争？相比升学率和面子，维护孩子心理健康，激发每个个体生活、学习、探索的内在动机，才是家长和学校的当务之急。

针对孩子内驱力不足的问题，作者基于大量的咨询案例，结合当前孩子和家长遇到的各种困惑，通过抽丝剥茧的分析、总结和归纳，创造性地提出了自己的应对之道，最终汇聚成"激发内驱力"系列图书：《减法家长：激发孩子内驱力的秘密》《加法孩子：激发学习内驱力的秘密》。该套图书语言通俗易懂，却不乏深刻的道理。书中的大量案例，都基于专业的心理学知识。作者是多年置身于心理健康咨询一线的工作者，对新时代如何当好家长，形成了一套自己独到的看法。

这套图书值得推荐给迷茫中的家长，其价值不在于给大家一套万全的应对方法，而在于让家长也加入"新时代如何当好家长"这样一个课题的探索之中，希望最终能探索出适合孩子成长道路的养育理念和方法。

我和作者都有一个共同的观念：在新时代，要成为称职的家长，需要学习一些心理学与教育学方面的知识。随着时代的发展，知识越来越专业化，家长不再是不学而会的"岗位"。

在推荐这本书的同时，希望每位父母都能成为新时代的好家长。与大家共勉！

舒跃育
西北师范大学心理学院教授、博士生导师

前　言

近年来，青少年心理健康问题日益严重，已经到了无法忽视的程度。《中国国民心理健康发展报告》显示，我国青少年的抑郁检出率为 24.6%，其中轻度抑郁为 17.2%，重度抑郁为 7.4%。青少年抑郁、焦虑等心理问题带来的情绪低落，动力缺失，会直接影响孩子们学习的内驱力，导致厌学现象频繁发生。另一方面，内驱力不足必然伴随着迷茫、拖延、颓废，反过来又会增加青少年心理健康问题的潜在风险。因此，要真正解决青少年目前面对的心理困境，必须从提升孩子们的内驱力入手，破解其中的秘密。这也是笔者成书的初衷。

想要帮助孩子们提升内驱力，家长必须先摸清那些学习失去动力、缺乏内驱力的孩子究竟在想什么，需要什么，如此才能有的放矢，对症下药。另一方面，家长们也需要有足够的知识作为参考，以便识别孩子内驱力不足的初期表现，力争早发现、早干预。在本书中，家长们最好奇的这些关键点都有所涉及，笔者也进行了细心解答。

在跟家长们打交道的过程中，笔者最大的感触是：可怜天下父母心。他们不惜时间、精力及成本，总想着为孩子们做些什么，再多做些什么，这也是为人父母的苦衷。只是，现在有些父母为孩子做得不是太少，而是太多了，反而无意当中损害了孩子的内驱力。基于此，笔者提出"让家长做减法"，不该出手时要坐得住，该"偷懒"时要偷懒；属于孩子责任的事情，坚决只当"顾问"。想要做些什么来解决问题，是人的本能反应。然而，能够控制这种本能，忍住动手的冲动，才能真正修炼为有智慧的父母。

在此提醒家长们，许多我们觉得是帮助孩子的行为，实际上却往往起到反作用。对于这类行为，我们需要及时停止。比如：只关心孩子的学习，其他都可以让路；过度负责任，替孩子规划好一切，希望孩子走向父母理想的未来；孩子内驱力下降了，就唠叨、责骂；孩子学习动力不强时，家长坚信"压力越大，动力越大"，更频繁地施压……诸如此类，看似颇费心力，却很可能把原本内驱力不足的孩子，直接推向厌学的深渊。要知道，终止错误的做法，才可能走向正确的方向，也就是：维系好亲子关系，才能为帮助孩子打下坚实的基础；在学习这件事情上，家长们应保持理智，一定要比孩子更淡定；鼓励孩子无论遇到什么困难，都坚定地向父母求助，共同商量解决办法……凡此种种，方向对了，才可能事半功倍。

那么孩子应该做些什么来恢复自身的内驱力呢？笔者提出，在这一点上，"孩子们需要做加法"，不是加量加负担，而是增加技巧，提升能力，合理利用身边的资源，塑造强大的心理内核。应对能力增强了，孩子肩上的压力小了，才能够轻装上阵，充分发挥内驱力的作用。首先，孩子们需要学习情绪管理技巧，减少内耗。其次，孩子们需要学习如何更好地处理人际关系，掌握构建良好人际关系的相关方法。再次，关于抗压能力方面，多数孩子都有欠缺，亟待"补课"。最后，对于如何利用家庭这个后盾，恰当处理跟家长之间的冲突和分歧，孩子们也需要有更全面的认识。如此，多管齐下，才能真正攻破"自驱力"这座高山。

为了方便家长们阅读以及亲子共读，我们精心创作了以上内容，并将其整合为"激发内驱力"系列丛书。《减法家长：激发孩子内驱力的秘密》强调善于做减法的家长，更能激发孩子的学习内驱力，供家长阅读使用；《加法孩子：激发学习内驱力的秘密》强调孩子要善于在必备技巧上做加法，从而提升学习的内驱力，供辅助孩子提升使用。两本书内容相互独立的同时，又相互佐证、支持。

在多年的青少年心理咨询临床工作中，笔者一直在探索激发孩子内驱力的方法，并且在实践当中总结运用，最后将精华汇聚于书中，可谓诚意满满。笔者相信，认真阅读这两本书，对于家长和孩子，都将会有所启发和触动。提升孩子内驱力这个课题，是有规律可循的，有路径可依的。笔者试图充当这个课题的探路者，跟大家共同一探究竟。

在此，也特别感谢信任笔者的家长和孩子们，你们无私地分享的故事和困惑，为本书的读者们提供了很好的借鉴。书中涉及的来访者信息，均做了技术处理。本书能够顺利出版，离不开中国宇航出版社的各位编辑们，特别是张文丽老师给予的全力支持。从选题策划到内容编辑，从文字润色到版式设计，编辑们都付出了巨大的努力和心血，用专业的素养和敬业精神，为本书的高质量出版提供了坚实的保障，在此表达真挚的感谢。

目　录

PART 1
学习动力的加减法，先从读懂孩子开始

读懂孩子 1　孩子学习没动力，都有哪些表现　　3
◎孩子的学习兴趣，是怎么消失的　　3
◎不想学习的孩子，究竟卡在哪里　　12
◎原本优秀的孩子，怎么突然不爱学习了　　18
◎哪些核心征兆，提示孩子有厌学风险　　25
◎哪些核心原因，让孩子从不爱学到厌学　　30

读懂孩子 2　学习没动力的孩子，都在想什么　　39
◎什么都不做，我就永远不会错　　39
◎我失败了，爸妈还爱我吗　　46
◎躺平，也是一种自我保护　　52

I

◎启动"鸵鸟"模式，谁也拿我没办法　　57
◎从不偷懒的我，为何越来越累　　64
◎做不到完美，我宁愿放弃　　72
◎作为"乖孩子"，我的叛逆从学习开始　　78

PART 2

家长善做减法，激发孩子的学习动力

减法1　把孩子的责任，还给孩子　　87
◎催促的家长，造就拖拉的孩子　　87
◎增加孩子愧疚感，提升不了学习动力　　97
◎急孩子所急，孩子就容易逃避　　104
◎最无私的照顾，养育长不大的"小宝贝"　　111
◎学习这个"课题"，终归是孩子的　　118

减法2　家长越做越错时，要会按下暂停键　　125
◎警惕"灾难化思维"，其实孩子没那么糟　　125
◎病急乱投医：做多，错多　　134
◎自我怀疑不可取：相信自己，相信孩子　　142
◎焦虑情绪需觉察：先解决情绪，再解决问题　　149
◎盲目帮助没效果：不被看见，是对孩子最大的否定　　157
◎急于求成要不得：孩子厌学，父母要过哪些心理关　　164

减法3 别让家庭的坏情绪,消耗孩子的学习动力 171

◎别让孩子成为家庭的"减压阀" 171

◎总是忍不住对孩子发火,怎么办 176

◎为什么父母一吵架,孩子就特别"懂事" 183

◎以前的孩子也挨打挨骂,怎么没有心理问题 191

◎孩子的情绪,父母该怎么接 195

PART 1

学习动力的加减法，先从读懂孩子开始

读懂孩子 1 孩子学习没动力，都有哪些表现

孩子的学习兴趣，是怎么消失的

孩子天然就对一切事物拥有好奇，包括学习。从牙牙学语时的模仿说话到学着拿勺子、筷子把食物送到自己的嘴里，再到学走路、学骑自行车，每一步都是主动自发、兴趣盎然的。

直到某一天，孩子突然莫名地对学习失去兴趣，开始颓废、沮丧、躺平，这一违背天性的改变，并非是不可控的"天灾"，而往往是不恰当的人为力量起到了巨大的"副作用"。

作为家长，最需要的不是培养孩子对学习的兴趣，而是**尽可能地不打击、不消耗孩子的学习热情**。同时，跟孩子一起，扫除可能破坏他们学习兴趣的障碍和拦路虎。

🌿 小心学习动力的挫败高峰期

大家推测一下，最常见的厌学的孩子，出现在什么阶段？对，**初中阶段，特别是初一跟初三**。

随着高中升学率的下降，初中生的升学压力，是超过高中生

的。在还没有完全准备好应对压力的年纪,孩子们容易一下子被现实的重拳打蒙了。

曾经接诊过一个初一的孩子,开学第一周就因为不习惯住校,每天无数个电话打回家,又是哭,又是闹,非回家睡觉不可。家长只能先把孩子接回家,想着先适应一段时间,等状态平稳了再回去住宿。

不曾想随着时间的推移,状况层出不穷:起不了床,上学迟到;上了半天课要家里人接回家;作业不会做,在家里又哭又闹……

老师三天两头找家长,明示暗示孩子可能不适应初中的学习生活,是不是接回家调整一段时间更好呢?孩子的妈妈说:"我现在听到电话响,神经就紧张,生怕孩子又出什么幺蛾子。"

小学到初中的跨度,几乎可以用突变来形容,极大地挑战着孩子们的适应能力。**学业更难了,人际关系更复杂了;进入青春期,想得更多了;对于未来和前途,有一定的意识了**……诸如此类,任何一座大山压在孩子身上,都不轻松。

而家长们对于孩子适应初中的准备,往往只是学科知识方面的,比如提前学习初一课程内容之类的,容易忽略了其他方面的准备和练习。要是一切顺利还好,成绩跟上了,也交到了朋友,困扰自己的问题也有人倾诉,家长也能当自己强大的后盾,那么这部分学生大概率是走运的一群人。

但是有一部分孩子,却是失落的那一群人,他们会陷入巨大的迷茫和焦虑中。一方面因为学习落后,学习吃力,找不到自身价值,因而颓废、懈怠;另一方面,强烈的自尊心,又驱使他们希望获得老师和身边人的认可，努力想展现自己最好的一面。所以表面看起来，他们会很拧巴，很纠结。

几番打击、挫败之下，有一些年纪小、阅历少的孩子，渐渐便会破罐子破摔，慢慢丧失学习的动力。

🍁 想要好成绩，又想不努力

让家长们最费解的一种状态是：**孩子接受不了自己成绩不好，却又提不起精神来努力学习**，甚至经常请假，作业也不做。当让孩子定目标时，他们往往会定下班级前五、年级前十这样的目标。然而学习热情坚持不了三天，一遇到难题就打退堂鼓。

表面看起来，这很自相矛盾。想要好成绩，你不得努力学习吗？不努力学习，好成绩能从天上掉下来吗？

造成这种状况，可能有如下几方面的原因。

（1）小学取得好成绩太容易

有一类孩子，属于有一些小聪明的类型，他们取得好成绩，并不是因为学习很努力，而是小学知识相对简单。他们误以为自己聪明，于是希望不费力同时又能取得好成绩并获得赞扬。

到了初中一下子变了，科目又多又难，厉害的人又多。努力太辛苦，自己压力很大，不努力成绩又提不起来，于是陷入纠结中。

（2）害怕努力了，还是没有好结果

遭遇打击和失败之后，孩子最怕的就是再次面临同样的痛苦，那将是对自己的自尊心又一次甚至是更大的打击。能够越挫越勇的，毕竟是少数人。

如果不那么努力学习，在面临失败的时候，至少还能安慰自己：**"我要是努努力，成绩肯定比现在好。"** 这样可以给自己的自尊心留个退路。

（3）接受不了"不优秀"的自己

在我接触的孩子里，有一个孩子让我印象特别深刻。这个女孩在小学时，是年级的风云人物，成绩好，跳舞好，人长得也漂亮，老师同学都喜欢她，她也是各种表演和演讲台上的常客。

但是从上初中开始，她各方面的拔尖状况难以维持，她虽然学习很拼命，几乎不允许自己有任何休息的时间，然而成绩却不尽人意。反思之后，她决定更加不要命地学，每天睡三四个小时也不觉得困，像打了鸡血一般。

这个女孩这样学了大半年，成绩真的有了明显的突破。初二上学期，她的成绩终于排到班级前五，老师和同学都对她刮目相看。只是，没过多久，她就发现自己上课越来越难以集中注意力，总是觉得困倦，有时候上学前都会紧张到手发抖，浑身冒汗。最后无奈之下，只能休学。

休学一年，她还是非常害怕学习，几乎不敢翻开任何教科书，一看到书就紧张。好容易调整得差不多，回校上初三，要定高中的目标时，她想都没想，直接定了省重点。

按她的话说："老师、同学都知道我成绩很好，要是我考不上好的高中，多丢脸呀！考不上省重点，那上高中还有什么意义呢？根本没有前途！"

在她的内心里，这种想法一直挥之不去。意料之中的，她上学去得越来越晚，请假越来越多，回家也只能做一些最简单的基础练习，稍微难一点的题目，她就觉得头痛，做不下去。

她没办法面对那个"不优秀"的自己，哪怕身体已经做出了最诚实的回应："我觉得压力很大，我可能真的做不到。"

🍁 内耗：坚持不下去，又放弃不了

厌学的孩子一定是下定决心不上学了吗？答案是未必。我见过即使最坚决地告诉家长自己不愿意上学的孩子，但是他们内心依然是纠结和犹豫的。他们都深知不上学面临的后果。

还一部分孩子因为拿不定主意，把这个选择权交给家长，软磨硬泡，希望家长帮他们做决定，同意自己休学。一旦家长点头，他们内心的不安就会大大减轻。毕竟，做决定的责任，有一半不在自己身上了。

即使已经休学，很多孩子还是没办法安下心来，调整情绪准备应对问题，而是陷入深深的自责和不安之中。

担心父母因为自己不上学而失望，嫌弃自己。

焦虑其他同学都在正常上学，自己会越来越落后，被同龄人抛下。

思考自己的前途和未来，越想越觉得无望、沮丧。

大家发现了吗？**厌学的孩子，会花费大量时间陷入各种想**

法和情绪之中，也就是我们通常所说的内耗。巨大的内耗，会消磨他们很大的精力，使他们无法集中注意力解决真正面临的各种问题。

又自卑，又自尊

青春期的孩子，其实自信心一般处于很不稳定的状态。

他们正处于通过各种途径来寻求外在的认可和肯定，以建立自信心的关键阶段，这也就是他们那么容易受打击，并且很容易消极的原因。

一个问题解决不了，一次成绩没考好，就会使他们陷入深深的自我怀疑之中，进而陷入自卑情绪，**看不起自己，否定自己**。

另一方面，他们的自尊心又极强，这会导致他们不愿意承认自己遇到困难，不愿意寻求帮助。在父母和家长面前，表明自己一切都好，什么问题都没有。甚至为了表现积极，不断开出"空头支票"，却又根本做不到。回想我们的青春期，说大话，想当然地答应别人，是不是也很常见？他们会自己想办法应对问题，而这个办法，很多时候就是"逃避"。

对于要面子的青春期孩子，他们宁愿逃避，也不愿意承认自己遇到了解决不了的问题，那样很"逊"，很不潇洒。

不满意现实，那就待在幻想里

丧失学习动力的孩子，还有一个特点：**容易陷入一种对未来的幻想中**。对学习这条路失去信心之后，他们会满世界寻找其他出路，来缓解自己的迷茫、不安和焦虑。

我碰到有的孩子希望不上学，去打职业游戏。但是在真正接触了打职业游戏的"大神"之后，立即像霜打的茄子般失去斗志。有的孩子看到写小说挣钱，立即觉得自己可以去网上写小说，因为自己发表到网上的东西，很多人欣赏。结果过了半年，小说还只是个开头。还有的孩子，会把未来寄托于找一个好的男女朋友上，希望对方能够带领自己走出困境，于是沉迷谈恋爱，在对方的迷恋里寻找自我价值。

逃避失败和困境，是人之常情。青少年的特殊性，决定他们更容易走入不切实际的执着中，甚至自欺欺人起来。几经打击之后，冷静下来，知道这些都不太实际，于是又陷入新的迷茫和绝望。如此反反复复，起起落落。

这一代的孩子，生活在物质条件极大丰富的时代，**对于真实的生活了解得太少，因而幻想的成分更浓厚**。除了跟他们讲道理，有机会也可以让他们真正去接触一下自己幻想的生活，体会一下生活的真实面目。比如，想打职业游戏的孩子，让他们去了解一下真正的职业游戏训练。想写小说的，去看看各大网站签约作者的基本要求。甚至是真正去看看各种服务员、快递员的招聘要求，这些都有可能会给他们一个全新的认识。

❦ "五步法"帮孩子走出困境

第一步：理解孩子的内心感受，用帮助代替指责

真正理解孩子的内心，才有可能赢得孩子的信任，进而透

过孩子表面的一些让人费解甚至是失望的行为，找到真正的问题所在。

还是那句话，**厌学最需要的是帮助而不是指责**。帮助的前提是信任，信任的前提是理解。家庭放松日的时候，家长可以跟孩子聊聊他的想法，进一步了解孩子。

第二步：支持和肯定孩子，不放弃迷茫中的他

试想一下，作为成年人，如果我们在工作单位受到打击，遭遇排挤的时候，最需要的是什么？当然是家人的支持和肯定，相信自己能够重整旗鼓。孩子也是如此，他们在学校中遇到打击、陷入迷茫时，**最害怕的就是家长也同样对他们失望，放弃他们**。

家长尽量做好心理建设，保持对孩子的信心，是助力孩子走过困难阶段的关键。

第三步：孩子的承诺，信一半就好

如前文所说，很多孩子信誓旦旦答应的事情，只是为了给家长和自己一个证明：我可以。但他们可能并没有真正准备好怎么去面对和突破。

当然从内心里，他们希望家长能欣赏他们，以他们为骄傲。因此，太看重孩子的每一次承诺，会让家长陷入不断的失望中，进而信心被消耗殆尽，放弃对孩子的期待。记住：青春期孩子的承诺，最多信一半就好。

第四步：当个"懒妈妈""懒爸爸"，鼓励孩子多尝试

无论大事小事，都以鼓励孩子尝试为主。这一代孩子，尝试太少，因而严重缺乏解决问题的经验，面对不熟悉的困难，就会

立刻陷入无助和焦虑中。

解决一些小的问题,也是培养能力的有效方式。家长要尽量忍住,不要太多地代替孩子做事。哪怕父母有空闲,只是举手之劳。

当然,孩子一开始会犹豫、抗拒,这很正常,让他们勇敢迈出探索步伐需要一个引导适应的过程。

第五步:打消孩子的顾虑,减少其心理内耗

例如对他们说:"我们不会因为你没有上学而失望,更不会放弃你。"或者说:"即使有一段时间觉得失望,我们也能接受,你的成长毕竟有一个过程。"在孩子没做到的时候,及时送上一句:**"你去尝试了,这很不错。"**

这些话虽然看起来有些"鸡汤",却是孩子需要的答案。而且他们很多时候不敢问,因为怕父母给出的答案不是他们想要的。减少孩子的心理内耗,他们才可能轻装上阵,把精力都用在解决问题上。

不想学习的孩子，究竟卡在哪里

常常接到各类学习困难的孩子的家长提问。他们一般上来都是简单描述孩子的症状，无外乎不愿意上学，天天待在家里，日夜颠倒，爱玩游戏，整个人颓废和消沉，等等。接着他们便会直奔主题："医生，我孩子不想学习怎么办？"

几乎没有家长会问："我的孩子不想学习，究竟是卡在哪里了？"其实这才是更重要、更深层的问题所在。不了解深层问题，只想着赶快把孩子送回学校，恢复学习，很可能是治标不治本。

把孩子劝回去，过几天孩子可能又不愿意好好上学了，家长这时又要继续软硬兼施，想方设法把孩子弄回学校，就像回合制比赛一般，没有尽头。了解孩子的核心卡点，才可能真正从源头上解决问题。

❦ 孩子不想学习，可能卡在人际关系

很多家长可能无法理解，你去学校是去学习的，又不是去交朋友的，有朋友就大家一起玩，没有朋友你就搞好自己的学习就行，有什么好烦恼的呢？至于因为这个问题就不愿意上学吗？

但是对于孩子而言，至于！我们必须承认，不是每个孩子上学都是为了好的学习成绩。有些孩子学习已经很努力，但成绩依旧平平无奇。交几个好朋友，能够互相吐吐槽，开开玩笑，互相

鼓励、安慰一下，至少每一天的生活没那么难熬。

在孩子小小的世界里，人际关系是他们人生的重大命题。孩子的人际交往问题，主要表现在以下几个方面：在班级中被排挤，被针对；在学校交不到朋友；不懂得处理人际关系中的矛盾和冲突；融入不了班级，觉得自己是个多余的人。更严重的会表现为"社交恐惧"，无法待在任何人多的地方，不然便会紧张、出冷汗、头痛。

学校是一个集体环境，拥有良好的人际关系是适应这个环境的必备技能。

❀ 孩子不想学习，卡在害怕失败

其实很多孩子不想学习，大部分原因是来自学业的挫败。原本成绩很好的同学，遭遇成绩下滑，并且几经努力，成绩提升依然不明显，就有可能为厌学埋下伏笔。尝试几次努力之后，成绩变化不大，**孩子就会形成一种"习得性无助感"**，坚信自己改变不了现状，也就是我们常说的"破罐子破摔"。

有的家长会说，我们早就跟孩子说了，不要求他的学习有多好，只要他回到学校，哪怕坐在那里就行，能学多少算多少。但是，孩子往往不会这么想。

遭遇学习挫折的孩子，大多曾经学习成绩都很优异。这些原本优秀的孩子自尊心更强，更要面子，接受不了过低的成绩，却又提不起劲头改变现状。

他们宁愿不考试，也不愿考出难看的分数，于是变成"家里蹲"：逃避学校，逃避学习，逃避考试。

🍀 孩子不想学习，卡在无法适应新环境

每年开学季，都是厌学情绪的高峰期。特别是面临跨度性适应的孩子，比如小学升初中、初中升高中。完全陌生的学校环境，陌生的同学和老师，升级的课程内容和难度，不同的教学方法，其中每一项对孩子们来说，都是巨大的挑战。

新的适应问题没有得到解决，可能会形成一个长期性的问题，最终不断积累，引发厌学的后果。特别是针对在小学或者初中学习生活太顺利、太优秀的孩子，家长反而更需要提高警惕。

进入一个高手如云的地方，面对巨大的成绩落差，孩子是否能真正接受？孩子进入新学校的前几个星期，家长也需要特别留意其状态，尽量帮助孩子适应新环境。

🍀 孩子不想学习，卡在讨厌规则和束缚

之前碰到一个小升初的孩子，整个六年级都一直在期盼着初中生活，觉得上了初中，自己就是大男孩了，又可以到新学校，又可以认识新的朋友，简直不要太爽。结果开学后，只在学校待了一天，就气急败坏地回家，说什么都不愿意再回学校了。

细问之下，才发现问题所在：孩子小学读的是贵族私立学校，学生少，学校规则宽松，老师基本上就是本着服务学生的理念在工作，整体氛围是轻松的，尊重个性的，也鼓励学生张扬自我。

现在初中到了公立学校，开学第一天开大会，校长针对校规

就讲了一上午，什么男同学头发不能超过耳朵，什么指甲不能太长，什么课间不能在走廊上打闹……学生手册都写了一大本。

他越听越来气，觉得这样的环境太压抑了，自己一分钟都待不下去，只想立刻回家，因为家里实在太舒服了。

在家里自己想做什么就做什么，想几点睡觉就几点睡觉，想玩手机就玩手机，没人管，或者没人管得了。看电视、玩游戏、吃零食、睡舒服的大床，简直不要太惬意。家长除了数落两句，批评一下，也拿他们没办法。耳朵一关，装听不见就万事大吉。

收手机？断网？那他们就来个大发脾气，闹个天翻地覆，看谁压得住谁。父母也怕了，也不敢再管，或者懒得再管，正好遂了孩子心意。特别是一部分家长在孩子厌学初期时，为了哄孩子去学校，或担心孩子出现心理问题，因而过度满足孩子，让他们几乎"事事顺心""样样满意"，家里简直成了孩子的天堂和皇宫。

两相比较之下，孩子会感觉学校简直就是"坐牢"，一回到学校就浑身不自在，结果会更加不愿意上学。这种情况也可以理解，谁愿意放弃天堂般的生活，去"坐牢"呢？因此，我常对厌学孩子家长说的一句话是：**别让孩子在家里太舒服**。

🌸 孩子不想学习，卡在习惯逃避的性格

在所有心理问题中，孩子习惯用逃避、回避方式来解决问题这一特点，在厌学问题上体现得淋漓尽致，这些孩子很容易"见势不对，马上撤退"。

出现这种情况，我们首先要问：孩子为什么会逃避？

大部分孩子主要对自身应对压力和挑战的能力没有信心。上文列举的几种原因和现象，其实都是孩子在完成上学这件事情上遇到了困难和压力，孩子们没有选择迎难而上，而是选择转头逃回家。

打个比方，这就像我们看到一头猛兽站在我们面前，正目不转睛地盯着我们。这时我们的大脑会飞速旋转，出现以下几种声音：上前打斗？拔腿就跑？还是原地不动？

做出选择的根本点，取决于我们对自己能力的评估。如果我们跟武松一般强壮，对自己的一身功夫信心十足，当然就会上前"哐哐"几拳，直接搞定。如果评估的结果是对手太强大，自己弱不禁风，出于自保的心理，理所当然的反应就是三十六计走为上。

逃跑回家里，假装所有的压力和问题都不存在。门外，也没有野兽站在那里虎视眈眈。孩子就像鸵鸟把头埋进沙子里，自我安慰：什么都没有，什么都看不见。

这里我想再谈一个观点：**打死过敌人的士兵才有开枪的勇气，干成过事情的孩子，才对自己的能力充满信心。**很多家长过分包办，孩子没有机会锻炼自己的能力，也不知道自己能力的极限在何处。在这种情况下，区区一个小兵，就能吓得他们拔腿就跑。

那么第二个问题，我们要问的是：孩子为什么会逃回家呢？

总要家门敞开，或者他们可以赖在家里不走，这个逃跑才能成立吧？

（1）家里总是敞开怀抱，接纳孩子的回归

看到孩子为上学整天愁眉不展，闷闷不乐，甚至出现抑郁的情绪，家长们于心不忍，会告诉孩子："没关系，只要你待在家里开心，我们可以养你一辈子。"这是家长在主动帮孩子逃避，为孩子留好后路。

其实很少有孩子会喜欢这样，一是他们在意外界的目光，二是他们找不到自身的价值，活着就好像行尸走肉，仅仅只是活着，却找不到生活的价值和意义。

（2）家里拿孩子没办法，推不出去

孩子逃回家，赖在家里，软硬不吃，誓要做"家里蹲"。无论是哭闹还是威胁，这些聪明的孩子都掌握了一套方法，能够死死地拿捏住父母。

打不得，骂不得，管不得，空有一腔帮孩子的热情，却一分力气也使不出来。随着时间的推移，几番较量之下，父母彻底放弃希望，接受孩子无法回归正常生活的现实，也就一步步形成孩子喜欢在家"躺平"的定局。

等到二十岁、三十岁，再想把孩子推出家门，简直难于登天。

知道卡点在哪里，才能有的放矢地处理问题，家长们觉得对吗？书中的其他内容，也会沿着这个方向，一层层拆解并提出解决办法。

原本优秀的孩子，怎么突然不爱学习了

在我们通常的观念里，厌学应当是属于那些调皮捣蛋、不学无术的孩子的"专利"。他们某一天提出不想上学，家长一点都不会惊讶，反而会有种预料之中的释然，心想："我早就知道你学不下去！"

那么，一个一直以来成绩优异、乖巧懂事、勤奋听话的"别人家的孩子"放弃学习，你能想象吗？很难理解吧？大好前途，怎么会放弃呢？怎么会不想上学呢？

事实却是，我接触到的厌学孩子中，"优秀孩子"的比例至少有一半以上。

🌿 怎么可以有人不喜欢我

这个故事，来源于一个妈妈的自诉。

她的孩子上高二，女孩子，从小到大都是"学霸"级学生，常年稳居班级第一名。从小到大，在班里成绩都名列前茅，受到各科老师的关注和宠爱。在同学当中的人缘也很好，有人找她帮忙，她都是有求必应。自然，班上同学都很喜欢她，羡慕她。

在父母眼中，她也一直是懂事、独立的孩子，十几年的成长经历中，几乎从来没让父母操过心。总结起来，就是妥妥的"别人家的孩子"。然而，就是这样的一个孩子，最近却出现了严重

的情绪问题：抑郁、焦虑，频繁心慌，并且已经连续两个月无法上学。

变化的起因也很有戏剧性：她听说有一个隔壁班的同学不喜欢她。要知道，在她十几年的生命中，这都是不可思议的评价，怎么可能有同学不喜欢她？

她便直接去问这位同学："你为什么不喜欢我？"那位同学更是简单直白地说："我就是不喜欢你。"就这么一个简短的对话，却将她推向了崩溃的边缘。

她在内心反复纠结："怎么会有人不喜欢我？她不喜欢我，我该怎么办？怎么才能让她喜欢我？我这么努力，这么优秀，她为什么还是不喜欢我？"

紧接着，她的情绪全面崩溃，晚上睡不着觉，白天魂不守舍，上课听不进去……简直变了一个人。最后，她不得不回家休息，看心理医生。

🌸 意料之外，情理之中

听起来是不是很不可思议？这么小的事情，至于吗？一个完全不熟悉的同学说不喜欢你，你就完全被打败了，会不会太脆弱了呢？

还真至于。在我们接触的优秀的孩子出现厌学的案例中，大部分触发事件看起来都很微不足道：一次考试考差了，一次被老师批评，或者像案例中的同学不被人喜欢，与同学发生矛盾，等等。

诸如此类，都是成年人看起来不值得一提，完全不需要放在心上，实打实"小题大做"的事情。这简直就跟扔一块小石头，就把一头大象彻底打翻在地一般，完全不符合常理。

但它们却真实地发生着，几乎每天都在地球的各个角落上演。我们用一个词形容便是："**不合理状态下的合理反应。**"换个角度来看，他们的"崩溃"，完全能够解释得通。

🍂 从未被挫败过的"自恋"

以上文提到的案例为例，下面来分析一下这些孩子的心理。

这个 17 岁的女孩，从小坚持的信念就是：只要努力，就没有做不到的事情。

看起来很励志，对不对？的确，在她 17 年的生命中，在她涉足的领域里，几乎是乘风破浪，战无不胜，一路过关斩将，时时刻刻都是生命的高光时刻。

这给了她一个错觉：**是的，只要努力，我什么都能做到。**

她的全部自信，对自己的整体评估和架构，都是建立在这种"无所不能"的自我认知基础上。中心、焦点，就是她的代名词，这满足了她全部的自恋。

也就是说，她的成长经历中，这种"自恋"状态从未被挫败过，世界都是围着她转的，她掌控着整个世界的悲欢离合，拥有接近于"神"一般的能量。仔细推敲一下，就会发现这样看似积极、正能量的信念，其实暗藏着危机：**这个世界上，有很多事情是你努力了也做不到的。**

比如，让所有人喜欢你；比如，无论在哪一个圈子，你都是焦点位置；比如，永远没有你做不到的事。

她偏不信这个邪。她十几年的生活经历，也在不断地强化这种"不合理的信念"，她也靠这个信念的支撑，每天"信心满满"。

❦ 什么是心理学意义的"自恋"

这里展开讲一下这种"自恋"状态。这个女孩子是一直非常自信的，那么是自信过头了吗？当然不是。

她的内在自我其实非常弱小，接近于婴儿状态。**成熟的自我认知，应当是客观、平衡的，知道自己的优势，也能接受自己的局限，承认自己的渺小**。只有婴儿的自我认知才是"我无所不能"的。仔细观察，你便会发现，婴儿其实对妈妈，有着"全能"的支配感：只要他一哭，妈妈就会马上满足他的全部需要。

他饿了，一哭，妈妈就会来喂他；他尿裤子了，一哭，妈妈就帮他换衣服；他无聊了，一哭，妈妈立即会马不停蹄地过来陪他玩，逗他笑。婴儿的世界很小，只有他和妈妈两个人。在这个世界里，他享有绝对的支配权，他是绝对的中心。随着年龄的增长，接触的世界不断增大，这样的"支配权"会被不断地挫败和打击，这也是一个必然的过程。

很遗憾，在现有的评价体系下，一些成绩好的孩子，没有挫败和打击这样的机会。他们一直被众星捧月，也一直是他们小小世界的中心。在这种"虚假"世界的环绕下，他们建立起一个"无所不能"的虚假自我。这个自我脆弱而敏感，就像肥皂泡泡，一戳就碎。案例中，这个隔壁班拽拽的"我就是不喜欢你"的这位同学，就扮演了这个戳破肥皂泡幻想的角色。只是幻想被戳破之后，他们应该靠什么继续支撑自己的自信，继续正常的生活呢？

暂时找不到，于是他们只能生病了。

家长应该怎么帮他们

面对这样的孩子，家长应该怎么帮他们呢？

不断跟他们讲道理，告诉他们：人都是有局限的，你不可能让所有人都喜欢你，这是不可能做到的；或者催促他们：你不能因为这点小事就不上学，你成绩那么好，现在放弃，太可惜了；又或者骂醒他们：你就是太自恋，太"自视甚高"了，以为全世界都围着你转，怎么可能呢？醒醒吧！

实事求是地讲，一直优秀的孩子突然不愿上学，对家长的打击几乎是毁灭性的。相比于"学渣"父母，他们几乎没有任何心理准备。别人会怎么看我，怎么看我家孩子？一直都是别人羡慕的家庭，现在孩子居然得了心理病，太丢人了。怎么才能让她马上去上学？上了学就好了，不然，我都快疯了！

打乱全家人原本习惯的生活状态，全家人会陷入同样的无助和迷茫。然而，我在这里还是要泼一盆冷水：这样的"好孩子"一旦出问题，想要短时间内解决问题，一切恢复正常，几乎是不可能的。他们缺了面对并认识真实的自己这门课，一直生活在虚假的自我迷恋里，像肥皂泡里的小公主。肥皂泡破了，他们也就崩溃了。

孩子需要一步步重建认知体系；需要慢慢接受：自己并不是世界的中心，自己也有不足；需要在"不是所有人都喜欢我"的前提下，继续生活。没有哪一步是容易的，这些都是她过往的生命历程中，从未有过的体验。

作为父母，我们首先需要问的一个问题是：如果我的孩子不是那个"优秀"的、让我们"引以为傲"的孩子，我们能接受吗？还能一如既往地爱他吗？先别着急回答，其实接受这一点并不容易。十几年的生命里，我们也习惯了自己拥有最优秀的孩子，是大家眼中羡慕的家长，是成功的教育者。

父母能接受孩子"真实"的样子，而不是"优秀"的样子，对于孩子，是最大的支持。

🌿 接纳孩子真实的样子

可能有家长会说："我已经很接受他了，我什么都不要求，只要他回到学校，坐在那里就可以。哪怕不听课，哪怕考零分，都可以。"我还是想分享一段一个家长跟我举的例子。

为人父母，是不是都很贪心，总是对孩子有无穷的期望：当他们不能去上学的时候，我们心想：只要他能回学校就好了；当他回到学校，我们又会想：既然都坐在教室里了，干吗不听点课呢？当他们能听课，能完成作业时，我们又会想：要是成绩能好一点就好了；成绩好了一点，我们就会继续想：要是成绩能名列前茅就好了。

如此递进，永无止境。其实，这是不接纳孩子当下状态的表现。

那么，接纳孩子当下的状态，就是让他天天待在家里，什么都不干，学也不上吗？当然，这不是接纳，而是纵容。**接纳，是理解孩子当下的状态，但是也相信孩子改变的潜力；抱着期望，但也要尊重孩子的节奏和局限。**接纳，是承认孩子真的需要一段时间恢复，需要跟孩子共同努力，去面对问题和困难，不逃避，不幻想。

孩子不会某一天醒来，奇迹般地想通或康复，生活一切照旧。他只能像孩子重新学习走路一般，一步步慢慢地试探，摸索着迈步。他可能会因为摔倒而大哭，之后好几天都不敢再独自迈步；也可能因为自己终于开始新的尝试而欣喜，成就感满满；当然也会沮丧或泄气，自信心受挫，说很多绝望的丧气话，气得家长跳脚。

整个过程，都陪伴他，相信他，鼓励他，不放弃，不退缩，是对家长最大的考验。但，希望仍在。

哪些核心征兆，提示孩子有厌学风险

学习动力问题，或者更严重的厌学问题，要有效处理，关键在于早发现，早干预。

在此总结几个常见的孩子厌学的先兆表现，供家长们参考和鉴别。

🍃 "聪明"的头痛、肚子痛

很多厌学的孩子，最初看的都是内科医生，而不是心理医生。

有时孩子莫名其妙地出现奇怪的症状，头痛、恶心、没有胃口、心跳过速、胃绞痛，等等，把家长们吓得不轻。送到各大医院检查，却发现一切正常，查不出什么问题。这下家长们更慌了：不会是检查不出来的大病吧？没办法，只能辗转于各个医院，吃不同的药，做各类检查。折腾了一大圈，孩子的问题就是不见好转。

神奇的是，只要孩子不去学校，一切症状便会不治而愈。这其实是心理问题在躯体上的表现，这也被称为**"心理问题躯体化"**。

我曾经接诊过一个七八岁的小女孩，小女孩绘声绘色地跟我形容："我的脑袋想上学，但我的肚子不想上学。"是的，她一上学便会肚子痛。肚子一痛呢，她就能名正言顺地请假回家。"肚子"为了实现她不上学的愿望,宁愿辗转各个医院接受检查,吃各种苦涩的药,非常配合。

这些孩子会直接说他们不想上学,害怕上学吗?一般都不会。他们会表现出对上学的积极欲望,担心落下功课会跟不上,担心考不上好学校。就跟这个小女孩说的一样,她理智上知道应该上学,但在潜意识里,上学让她觉得有压力,甚至害怕。

透过孩子的身体症状,可以看到孩子对学校和学习的恐惧,才是真正的症结所在。

❀ 每到考试就请假

考试是各类压力最集中的场景,轻则考前好几天便紧张到坐立不安,吃不下饭,睡不好觉,明知道临时抱佛脚效果不大,却一定要在考前熬夜看书;重则失眠,入睡困难,可能通宵睡不着,也可能好不容易睡着了,却做梦都梦到自己考试考砸了,要挨骂。又如考试前频繁上厕所,紧张到手发抖,拿不住笔,手心出汗之类,更是常见的现象。虽然如此,这些孩子大多最后都会照例参加考试。

有一类孩子非常聪明,他们总是会挑选一些时机,说是想请假,想方设法说服父母,比如身体不舒服啦,想回家休息几天啦,情绪不好啦……又哭又闹,总之不达目的不罢休。

父母开始浑然不觉,以为孩子不过是压力太大,或者身体不舒服,也就只能无可奈何地将孩子接回家。

这种情况反复发生,每隔一段时间便出现一次。次数多了,划划时间线，总结一下规律，就会发现：孩子每次请假都是考试那几天。

询问孩子，孩子却坚决不承认："我不是害怕考试，我就是身体不舒服，想回家休息一下。"其实，**身体不舒服是真的，害怕考试也是真的**，或者准确地说：考试引发的焦虑，才是导致身体出现症状的真实原因。

困倦，睡不醒

孩子怎么可以不上学，不起床？好多父母对于叫孩子起床这件事头疼不已。

有一位家长说，每天早上起床的时候，他们家里便像开演唱会一般：把所有能敲响的东西都翻出来，卖力地敲，直到把邻居们都准时地吵起来，才能勉强把他们的宝贝孩子拉起床。孩子不喜欢上学，每天上学对他而言都是煎熬，他当然不愿起床。

我还曾碰到过一个孩子，无论什么时候见她，都是打着哈欠的样子，永远都是一幅睡不醒的困倦模样。仔细一了解，她每天起码要睡十几个小时，一到教室，坐在座位上，连课本都懒得拿出来，便开始趴下睡觉，一直睡到下午最后一节课下课，她便准时醒来。有时候中途被吵醒，眯着眼睛微微看看周围，看到老师还在讲台上口若悬河，便又趴下继续睡。起初老师还管一管，后来干脆随便她睡，只要不吵到其他同学就行。

睡觉，对于很多孩子其实是一种逃避方式：睡着了，就什么都不用想了。 刚开始孩子还愿意在学校睡觉，后来渐渐连学校都不愿意去了，理由很充分：反正在学校也是睡觉，去上学有什么意义呢？

他们原本没有那么困，只是找到了一个逃避现实的方式。

🍁 想方设法回家

为了不去上学，跟家长们斗智斗勇的孩子，可谓是招数繁多，令人应接不暇。

首先，孩子们会找到父母中较软、较容易被说服的一方重点突破（一般是妈妈居多），隔三岔五地跟妈妈打电话，撕心裂肺地表达自己在学校的难受和情绪压力，边说边哭，十分情真意切。紧接着，便央求妈妈接自己回家休息，让自己放松一下。

若是妈妈不答应，他们便继续夸大自己的难受和痛苦，甚至表达出轻生的念头："我这么难受，还不如从学校楼上跳下去，一了百了。"这下不得了，父母们彻底慌了，只能把孩子接回来。

很多孩子还只是这么说说，有的孩子真的会为了不上学伤害自己的身体。我曾碰到一个孩子，在初中时因为各种复杂的原因不想继续上学。为了达到目的，他直接从教学楼的二楼跳了下去，摔伤了腿，坐了一个学期的轮椅。可惜的是，妈妈每天风雨无阻地推着他照常上学。事后我问他："你不怕跳下去出意外吗？"他狡黠地笑："我特意选的二楼，我只是想吓吓爸妈，让他们帮我休学。"随后他又叹了口气，失望地说："没想到摔伤后还要坐着轮椅上学，真是郁闷。"

孩子的这些表现，真是让父母哭笑不得。孩子为达目的誓不罢休，也真的是煞费苦心了。

🍃 一谈学习就翻脸

"不谈学习母慈子孝，一谈学习鸡飞狗跳。"这是很多有孩子家庭的写照。日常相处，出门逛街，出去旅游，一家人都快乐而温馨，看起来其乐融融。

但是仔细一看，便会发现，在表面的相安无事之下，大家都在刻意回避一个话题，那便是：上学。**为什么不谈？害怕谈。**一谈上学，孩子便翻脸，或是大发脾气，又哭又闹，或是门一关，不理人，不吃饭。试过几次之后，父母害怕起来，为了家庭和谐，只能小心翼翼地避开学习话题，假装一切安好。

之后孩子也渐渐心安理得起来，大家都不提，那么我就当什么问题都不存在好了。在家的日子，简直太舒服，想睡到几点便睡到几点，想玩手机便玩手机，想打游戏便尽情地玩游戏。对上学的问题避而不谈，这其实是另一种刻意的逃避。

在我接触的厌学孩子中，最大的感触或者说遗憾便是：很多厌学的孩子，都是在拖了很长时间之后，家长才尝试寻找专业帮助，而时间拖得越长，处理难度也越大。

厌学本身是孩子的情绪问题、人际关系问题，以及压力应对等问题的集中体现，是问题的全方位爆发。孩子都知道上学的重要性，换句话说，**如果不是实在遇到困难，实在没办法，大部分孩子都不会选择不上学。**认真处理这个问题，是孩子成长的重要机会。早发现，早干预，及时寻求专业帮助，方是解决之道。

哪些核心原因，让孩子从不爱学到厌学

大部分孩子最初学习动力出现问题，内驱力不足甚至缺失，家长都是忽视的，更多会被看作孩子最近状态不太好，或者学习不太努力，并且安慰自己：过段时间就好了。有些家长心想，反正孩子还能天天上学，问题不大。

家长的补救办法，也多是给孩子多报一些补习班，或更严厉地督促孩子学习，希望把学习进度赶上。殊不知，这其实很容易错过干预孩子学习动力的最佳时机。等到孩子一步步走入厌学的泥沼时，很多家长才后悔莫及。

了解造成孩子厌学的核心原因，有助于防患未然，避免更严重后果的发生。

❦ 学习上持续的挫败和打击

有些孩子，曾经取得过自认为还不错的成绩，但与真正的"学霸"相比还是有差距的，在班级里属于乖巧，但存在感较低，成绩居中的学生。处在这种位置的孩子，很少能得到老师和家长的认可和鼓励，甚至很少被关注到。长期被忽视，便逐渐丧失了自信心。

有些孩子学习很努力，但在学习上存在困难，天赋差一些，但偏偏有些学校里又是"成绩压倒一切"的环境，所以他们很少

能够体验到成功的快乐。持续的学习挫败感,让他们日渐消极,甚至认为自己天生愚笨,根本不是学习的材料,做什么都不行,陷入**"习得性无助"**之中。

这里展开说一下"习得性无助"。

20世纪60年代,著名积极心理学家塞利格曼通过动物实验,提出了习得性无助这一理论,这个实验的做法很特别。

他将一只凶猛的大狗关在铁笼子里,这个笼子有各种机关。信号声一响,还没等狗反应过来,就会立刻感觉到通体疼痛。它挣扎、嘶吼,拼命想逃出笼子,但是没用,铁笼子纹丝不动,它出不去。

等狗喘口气稍做休息之后,第二个信号声很快就会响起,狗立刻警觉起来。这次它的反应更快,没等到感觉疼痛,它已经开始用力撕咬笼子,拿头撞笼子,试图逃跑,可是都没用,它仍然遭受到了痛不欲生的折磨。反复多次之后,狗累了,渐渐不再挣扎,甚至不再痛苦嚎叫。这时候,实验员悄悄地、小心翼翼地打开笼子的门。紧接着,信号声再次响起。

你猜,这时狗有什么反应?或许你会说,那还用问吗?赶紧站起来逃命啊,跑啊。那是我们从上帝视角来看问题,一厢情愿地希望拯救狗。实际上狗并没有跑,而是继续趴在笼子里,无助地等待痛苦的到来。它已经坚信,不管我怎么挣扎,都无法逃离痛苦,除了默默忍受,没有任何办法。

讲这个理论,是想说明一点:**持续的悲观失望,会让孩子不再挣扎,也不愿意再努力,也就是我们俗称的"躺平"。**

🍃 将学习和痛苦产生联结

长期繁重的学习任务、家长过高的期待以及巨大的升学压力，都可能让孩子在学习的过程中体验到"苦海无边"的绝望感。

很多家长信奉"不要让孩子输在起跑线上"，这让很多孩子从小学开始，就马不停蹄地辗转于各个补习班。晚上补，周末补，饭只能在车上吃，写完了学校的作业，接着写补习班的作业，不到晚上十一点，根本睡不了觉。

以为周末能轻松一些，家长还希望孩子全面发展，报各种兴趣班，培养综合能力。这样的孩子，每天过的是上着发条的生活，一刻都不敢停歇。

家长、老师给他们"画饼"：考上初中就好了，考上高中就好了，考上大学就好了，工作了就好了……然而，说这些孩子根本不相信。

"苦海无边""永无止境"，孩子们看不到任何改变现状的可能性。这其实是强行将学习与痛苦之间进行联结，是一种**人为的厌恶疗法**，孩子只会越学越没有兴趣，越来越害怕学习，越学越想放弃。

🍃 人际关系挫折

人际关系在青少年的日常生活中扮演着举足轻重的作用，可惜的是，不是每个孩子都能有良好的人际关系。有些孩子性格内向，不擅长与人交际，没有朋友，不参加集体活动，在学校的归属感较差,常常感到孤独,与同学格格不入。

有些孩子可能会遭到同学排挤和孤立,甚至在校园遭受霸凌等。有些孩子由于某种原因与老师之间产生矛盾,心怀不满,内心充满负面情绪,又无力化解。于是,他们会选择消极对抗的方式,不听老师讲的课,不配合他的安排,甚至抵触上学,用这种"伤敌八百,自损一千"的方式来报复老师。表面看起来,这些都是小事和小问题,不值得小题大做,可能安慰一下,鼓励几句,孩子又开心了,家长也以为事情就过去了。

甚至有些孩子回家什么都不说,只是将这些问题放在自己心里,不停地琢磨、拉扯,陷入内耗的恶性循环。这些因素就像蚂蚁一点点蚕食大坝一般,一天天积累,直到最终摧毁大坝那一刻。

🍀 变故、打击等影响学习

所有的变化,都可能是压力源。孩子本身对各类变化无比敏感,特别是家庭变故。例如父母离异、亲人离世、家庭经济变化,都可能影响孩子的学习动力。

在传统观念里,家长会觉得这些都是大人的事,孩子不用操心,也不会对孩子有多大的影响。其实恰恰相反,孩子作为家庭中最敏感、最脆弱的成员,是最容易受到波及的。这些打击会让孩子猝不及防,使孩子的内心感到孤独,甚至直接冲击他们的安全感,患上应激障碍。

我曾接诊过一个遭遇亲人离世的孩子,她的爸爸原本有心脏病。有一次她学习不认真的时候,爸爸批评她时很激动,从而导致高血压发作，在她面前直直地倒在了地上。送到医院时，爸爸已经没有了生命体征。家里人也觉得需要安慰一下她，便简单开导了她几句："别往心里去，你爸是老毛病了；好好读书，你爸爸也会欣慰的。"

由于家里顶梁柱突然离世，妈妈也沉浸在悲痛之中，各种事情需要应付，也没有太留意孩子的情绪。这个女孩天生又是大大咧咧的性格，几天之后看似啥事没有了，该吃吃，该喝喝，大家都以为事情过去了。

谁知道，接下来的半年，女孩完全像变了一个人一般，原本成绩优秀的乖孩子，开始早恋、逃课，三天两头不去上学。情绪也经常崩溃，一言不合就在家里砸东西，发脾气。事后她也很后悔，也跟家人道歉，但下次还是照旧。最终，她连中考都没有参加。爸爸离世带来的心理创伤，在女孩的内心根本没有愈合，这才有了女孩自暴自弃式的自我惩罚，用破坏自己的前途这种方式来"赎罪"。

家长很多时候不太明白：学习其实是一件极其辛苦的事，它会极大地消耗孩子的意志。**当孩子的情感需求无法满足时，很容易把注意力转向其他能满足需求的地方，导致厌学现象的发生。**有些孩子因为失去了温暖的家，失去了父母往日的呵护，从而自暴自弃，直至自我放纵，或沉迷网络，或混迹社会，把学习扔到脑后。

🌿 情绪问题导致无法学习

这一种类型的孩子，典型表现是"不是我不想学"，而是"我没有办法学"。

碰到孩子学习没动力，或者三天两头请假等问题，作为家长的第一反应往往是：你怎么能这么不懂事，不听话？你怎么能不学习？你知道不学习后果多严重吗？

换句话说，我们会先入为主地假定，孩子能学，只是不想学，不愿学。现实情况可能恰恰相反，大部分孩子是"没办法学""学不了"。

在心理咨询中，我常常发现，孩子厌学问题的背后，隐藏着各种情绪问题，如焦虑、抑郁、长期失眠，甚至躁郁症等。孩子在抑郁期的时候，会有一些特点，如焦虑、逃避、恐惧和敌对，不喜欢学习，害怕压力，整个人变得非常敏感，似乎一点刺激都会让他们崩溃。对于一些事件，孩子容易从负面角度去解读，从而对他人（老师、同学等）产生敌对情绪。出于自保的心理，孩子会以逃避上学的方式来回避压力。

焦虑，几乎是厌学孩子最常见的情绪，我在后面会单独展开讲解，分析孩子究竟是先厌学，还是先焦虑。了解了这些情况后，家长一方面要学会理解孩子，理解孩子这些不当行为的背后是疾病。另一方面，家长要积极寻求帮助，以使疗愈孩子的疾病。当孩子的病情逐渐缓解，孩子找到了努力的目标，厌学的情况也会得到改善。

🌿 "空心病"，找不到学习的意义

不少前来进行心理咨询的青少年会说："我永远处在一个刷题

的环境中，根本不知道自己喜欢什么，更不知道自己为什么要学习，学习的意义是什么？"

为什么要学习？家长可能会觉得很奇怪，这有什么好想的？不学习怎么上好大学，找好工作？学习就是这个年龄的孩子该做的事情，还需要想吗？然而，对于现在的孩子而言，的确非常需要，因为学习动机缺失是导致厌学的重要原因。有的孩子认为学习是件苦差事，他的学习永远处于被动状态，自己只是为了父母的期望而学习。

当今家庭普遍有较好的生活条件，很多青少年找不到奋斗的动力，对自己的未来感到迷茫，更加重了青少年的无意义感。我们常说"中年危机"，对于上一代家长而言，很多人是中年之后才会迷茫，开始寻找生命的意义。然而，这一代孩子显然是更早出现迷茫，他们在十几岁时，已经开始思考人生意义的问题，不想浑浑噩噩、随波逐流地度过这一生。从这个角度讲，这一现象是人类积极进步的表现。

其实迷茫的感觉很不好，孩子甚至会因为迷茫，落后于身边其他同年龄人，甚至陷入"摆烂"状态。但迷茫是一个成长的机会，孩子一旦找到了真正支撑自己的学习目标，不再觉得是为了父母学习，之后的人生都会走得更加笃定。

❀ 过度诱惑，考验孩子的自制力

处于成长期的青少年，因为认知发展不够成熟，兴趣的显著特点是具有动摇性，只要干扰因素足够强烈，他们的兴趣很容易发生转移。信息爆炸时代，孩子们面临着很多信息冲击，各类诱惑更是比上几代人多得多，自制力不强的孩子，很容易将兴趣由学习转移到其他事情上去。其中，家长最害怕的就是孩子迷恋游戏、视频、手机等。有些本来热爱学习的孩子，因迷恋上了电脑游戏，学业就逐渐荒废了。

孩子的兴趣一旦由学习转为其他娱乐和社会活动，不仅对学习不感兴趣，反而会讨厌学习，反抗学习，出现厌学、逃学也就不奇怪了。孩子将兴趣转移到其他方面，是因为这些方面满足了他们的部分心理需要。例如，学习没有成就感，但游戏打得好，天天被夸赞；又如，在学校经常被批评，但是跟朋友出去，经常被人捧着；看书焦头烂额，但看手机就什么都不用想，很放松。也就是说，诱惑是顺应人性的，而学习很多时候是"反人性"的，对孩子的自制力是一种考验。

面对各种诱惑，简单采取"围追堵截"的禁止方式，往往起不到效果，反而可能会适得其反，破坏亲子关系，把孩子更推向他们"亲爱的手机"。合适的做法，应该是去觉察孩子内心最核心的需求，引导孩子采用更健康的方式去获得满足，而不是沉迷在不良行为习惯中。

这部分，我们也会在后文中单独展开分析，并提供可供参考的解决方案。

厌学带来的"好处"

家庭治疗理论认为，如果家庭关系出了问题，作为对家庭氛

减法家长
激发孩子内驱力的秘密

围最敏感的孩子，他们厌学、拒学就可能带来"继发性收益"。有些孩子因为厌学，掌握了家庭的主动权，从此爸妈不敢批评他，同时他还能获取被关注的权利，争夺一些话语权。更有甚者，从中满足自己的需求，如玩游戏、买喜爱的东西等，反正不顺着孩子，孩子就不上学。家长害怕他们一言不合就不去学校，只能一再无底限地妥协。不承想这样的妥协，反而助长了孩子用"上学"这件事来拿捏家长，使事情越来越糟。

也有些孩子通过厌学无意识地转移家庭矛盾，比如父母关系紧张，面临离异。此时孩子厌学问题出现，父母不得不放下矛盾，联合起来，共同处理孩子的学习问题。原本濒临崩溃的婚姻关系，也似乎重新回到了平稳相处的阶段，孩子就会误以为是自己不上学挽救了家庭。

实际上，厌学这个重磅炸弹，会吸引家庭全部成员的注意力，从而成功转移了更激烈或者隐蔽的家庭冲突与危机。如此，厌学、拒学就成为一种"不健康但有效"的解决问题的方法，因此被孩子当成有效的工具来使用。

总而言之，家长需要有"透过现象看本质"的能力，切勿被孩子牵着鼻子走，使得问题越来越大，越来越严重，到后来就一发不可收拾了。

本书其他章节，也将针对这些因素一一展开分析，与家长们共同探讨合适的解决办法。

读懂孩子 2　学习没动力的孩子，都在想什么

什么都不做，我就永远不会错

提到学习没动力的孩子，我们的第一反应也许是：这些孩子是不是成绩太差，学习跟不上，上课听不懂，才渐渐厌学呢？毕竟天天上课如果都像听天书，既无聊又枯燥，谁受得了？

然而，事实还真不是这样。

在我接触的大量厌学孩子中，成绩从小学一直到高中都很差的孩子，几乎没有。大部分孩子，在学习成绩上都拥有他们的"高光时刻"，其中很多甚至各方面都非常优秀，妥妥的"别人家的孩子"，后来却毫无预兆地厌学了。

他们失去学习动力的主要原因之一，恰恰是：**害怕失败**。

🍀 从未尝试过失败的滋味

大部分优秀的孩子，对失败的感觉是很陌生的，甚至还恐惧失败。在他们短短十几年的人生里，理所当然地觉得自己不可能遭遇失败，自己会一直优秀和突出。

从小到大，一直成绩优异，是众人瞩目的对象。他们很难想象，若是有一天自己成绩一落千丈，变得无人关注，应当如何自处。对于我们不熟悉的状况，人会不自觉地往最糟糕、最恐怖的方向去预设。

他们时常会设想周围人的反应。

父母会很心寒，很灰心吧？ 自己的孩子这么失败，一点用都没有。以后在亲戚朋友面前说起自己一定会觉得很丢脸，恨不得没有这个孩子。

老师会对我非常失望吧？ 他那么看好我，对我那么用心，现在我这么差劲，老师会觉得自己看走眼了吧？我原来这么差，能力这么"垃圾"。

同学们会幸灾乐祸吧？ 盼星星，盼月亮，终于盼到我掉下来了，他们就能排到前面了。也没人愿意再跟我交朋友了，因为自己已经不配跟他们站在一起了。

一旦失败，一旦考不好，走进教室，身边人的目光，就能把自己"凌迟处死"，会像垃圾一样，人人嫌弃，避而远之。

没错，一直定位自己高人一等、闪闪发光的孩子，一旦失败，会毫不留情地批判自己、贬低自己，而且比身边任何人都要更无情、更极端。

很多家长遇到这种情况，会尝试告诉孩子：别人没那么关注你，他们都有自己的事情。你也没有那么差劲，只是暂时失败，还可以东山再起。

但是说这些都没用，想象出的恐怖画面，已经让孩子打消了尝试的勇气。

🌿 什么都不做，就永远不会失败

左思右想之后，孩子们会怎么办呢？

办法一：什么都不做，就永远不会失败。

通常情况下，孩子会从放弃考试开始，逐渐进入"躺平"状态。平常表现都好好的，一到考试就焦虑得不行，甚至直接生病——发烧、肚子痛、头痛。也有直接交白卷的，美其名曰"就是要让老师知道我的态度"。也有做题十分钟，睡觉一个小时的。总之，就是不让测试出自己的真实水平。

渐渐地，孩子会回避去学校，害怕上课，害怕见到同学。担心上课会听不懂，又遭受新的挫败。害怕同学问自己怎么那么久不上学，这样多尴尬，多失败啊。另外，堆积成山的作业，越落越多的课程，想想都头大，想想都沮丧。

越回避，困难越多，学习任务越重。当回到学校，面对的挑战也会越大。在家里，则是日夜颠倒的生活，除了玩手机、打游戏、看小说和漫画，几乎没有任何其他活动。

什么都不做，自然永远不会失败。掩耳盗铃也好，心理安慰也罢，至少短期内获得了安宁。

办法二：见势不对，马上撤退。

这类孩子会对周围环境保持高度警惕，见势不对，随时准备撤退。具体的表现就是时不时下定决心干一番大事业，却往往是三分钟热度。说好去补习班上课，去了三五次，便找各种理由不愿再去。想认真学画画，但没学几天，就觉得枯燥无味，很难画好，很难再拿起笔。

下定决心重新回去上学，坚持不到两星期，就忍不住打退堂鼓。仔细分析他们打退堂鼓的原因，大部分都是遇到了各种各样的"小"困难，难以克服，或者自己没有信心克服。

困难克服不了，意味着什么？意味着失败的信号又冒头了。就像大火燃起来前升起的滚滚浓烟，看到这个信号，赶紧撤退最为安全。随着时间的推移，甚至都不用看到浓烟，一点火星都能将他们吓得拔腿就跑。你可能会说，找点水把火星浇灭不就行了，至于那么大反应吗？但处于"失败敏感期"的孩子，似乎丧失了应对任何困难的能力，除了跑回家，什么方法也想不到。

这些孩子似乎对于失败具有非常敏锐的嗅觉，失败还在几十里之外，他们已经感觉到了危险，赶紧"三十六计走为上"。其实稍有理智就会发现，仗都没打，就断定自己失败，是不是太武断了？但他们不会这么想。

他们不是不想赢，他们只是不想输。

🌿 家长妥协为何不管用

面对孩子反复无常的状态，家长们一般会一再退让，以求把孩子失败的可能性降到最低：去上学就好，我不要求你的成绩有多好。十几年来对学习成绩无比关注，突然有一天不要求孩子成绩了，考多少分都无所谓。期待着孩子能够立即轻装上阵，开开心心去学校,这其实并不现实。

面对家长突然转变的态度,孩子内心的想法大概是下面这几种。

(1) 根本不相信父母的话

十几年来都那么看重成绩,怎么可能突然成绩就无所谓了呢?这话肯定不是发自内心,哪个家长会不在意孩子的成绩?还不就是为了骗我回学校,让我去正常上学。等我适应了学校的生活,肯定又要期望我努力学习,把成绩搞上来。

我才不上当呢!

(2) 感受到父母对自己的失望

一直优秀的孩子,其实并不想听到父母说:"你考多少分都无所谓,我们都能接受,你自己尽力就行。"看似安慰和放松要求的背后,透露着对孩子的失望。

这种态度也意味着在父母眼中,自己已经不再是以前那个能让他们引以为傲的孩子了,无奈之下,他们不得不接受自己不优秀的现实。但是,孩子内心是接受不了平庸的,他仍然坚信,只要去做还是能成功。

至于什么时候真正去做,他自己也无法回答。

(3) 即使父母不在意,孩子依然很在意

父母不在意,不代表孩子就能真正放下。在过去的时间里,他们接受的价值观都是:如果你不成功,不优秀,就没有任何价值。

如果成绩不好，那上学就没有任何意义。在短时间内，孩子们又如何能接受自己成绩平平的现实呢？

🌿 只是参与和尝试，人生有没有意义

絮絮叨叨说了这么多，其实是想跟家长们探讨一个观点：如果没有成功，只是尝试和参与，究竟有没有意义？运动会上，奋力参加比赛但没有拿到名次的同学，和一直坐在观众席上的同学，是不是完全一样呢？

学习，如果考不出好成绩，是不是还不如去打工挣钱呢？上学，如果考不上好大学，是不是就完全没有意义呢？创业，如果最终失败了，是不是还不如安于现状，不去尝试呢？婚姻，如果苦心经营，最终还是离婚了，是否之前的努力就没有任何价值呢？

当然，成王败寇是社会生存的法则。失败，就有被淘汰的风险。只是在孩子的成长期，**过早、过分地看重成败，未必是一件好事**。

🌿 坚持参与，也是优点

知名校长魏书生，讲过一个关于"差生"的观点。

一个成绩垫底，却天天按时上学、不迟到、不早退，努力写作业，看到老师都热情打招呼的差生，能找到什么地方表扬他们吗？很难。

在追逐成绩的这场竞赛中，人们会认为他们是失败者。对于

失败者，错误的价值观认为不值得肯定。而厌学，上不了学的孩子，是更糟的失败者，除了在学习上被层层碾压，我们找不到他们身上的闪光点。我们很少去想，成绩垫底，上每门课都像是学"外语"的那些孩子们，能坚持天天上学，是多么难能可贵。隔三岔五被老师批评，还能发自内心地笑着和老师打招呼，是多么乐观的体现。

其实，坚持参与，不放弃自己，也是优点。

当然，笑对失败，需要一个潜移默化影响的过程。或者说，需要一个孩子们努力跟自己和解的过程。大部分厌学的孩子，都需要走这样的一段"和解之路"。

我失败了，爸妈还爱我吗

上学不顺利的孩子，常常会生出这样的担忧："我失败了，爸妈还爱我吗？"

这个问题看起来是不是有些荒谬？上学跟爸妈爱不爱你有什么关系呢，上学不是每个学生的责任吗？爸妈不爱你，难道就不上学了吗？爸妈无条件爱你，就可以以敷衍的态度对待学习吗？然而，这确实是很多遭遇学习挫折的孩子最关心的问题，并且会想方设法去试探和验证。

❦ 家长和孩子关注点不一致

在我所接触的心理问题当中，上学这件事，是父母和孩子分歧最大的。

爸爸妈妈心急如焚的是孩子什么时候能够回到学校，正常上学，取得好成绩。父母的想法是只要孩子回到学校，心头大石就落地了。当然，这是为了孩子的将来考虑，不上学，孩子以后怎么办呢？家长这样想无可厚非。

但孩子们却往往跟父母不在同一节奏上，他们纠结的是自己现在面对的痛苦和恐惧，而不太会设想遥远的将来。他们要么彻底逃避，像鸵鸟一般，把头埋进沙子里，当作什么事都没发生；要么不断做心理建设，颤颤巍巍地尝试和寻找出路，但在面对困难时，可能再次狼狈归来，不知所措；要么在焦虑和自责中不断内耗，每天什么也做不了，最终弄得自己精疲力竭。还有的孩子，把所有的精力都花在跟父母斗争或对父母的试探上，完全无暇思考自己的未来。

父母和孩子的状态各异。父母的注意力是在 100 米开外，眼见着其他孩子都朝着 100 米的终点冲刺了，父母心急如焚，恨不得背上自己的孩子冲出去。

孩子却停在跑道中间，腿受了严重的伤，站不起来，也害怕跑下去会再次受伤，迟迟不敢迈步。

一个望着未来，一个望着现在和当下。两者都没有错，却很难达成共识，更难相互帮助、相互扶持。

🍀 我一无是处，你们还爱我吗

不少孩子厌学之后，会用垃圾、废物来形容自己。不管以往多么优秀，多么风光，在老师和同学心目中多么耀眼，**在无法坚持上学的那一刻，一切都归零**。哪怕是班级里成绩倒数的同学，都能在学校混下去，为什么自己不可以？家长们着急上火时，也会这样说几句："你连学都上不了，将来有什么用？以后就是个废物了！"

如果优秀的、闪亮的孩子被爱是天然和合理的，那么失败甚至可能前途无望的孩子呢，有资格被爱吗？在外面的世界遭遇挫折、打击和失败后，孩子更加希望回到家后能获得鼓励和支持，确定家人不会因此嫌弃自己。

但往往事与愿违。如前文分析所说，家长的关注点，跟孩子可能并不在同一层面上。孩子上不了学这件事，带给家长的恐惧和焦虑，会阻碍父母们穿过迷雾，看到孩子的心理需要。

🍃 孩子的试探和检验

孩子们与家长产生分歧后，会就此放弃，专注解决自己的上学问题吗？并不会。他们会展开"试探—确认"的检验工作，以此来窥探家长们真实的内心想法。

有的孩子会彻底摆烂，比如日夜颠倒，整天沉迷于游戏，不思进取。有的孩子会无休止地提出各种各样的要求，比如物质的要求，对父母言行的要求等。有的孩子会轻而易举地做出各种承诺："明天就去学校""明天就认真看书"，以此来观察父母的反应。有的孩子会一改之前"乖孩子"的形象，变得任性和无理取闹，以此来试探父母的底线。

他们像一个权威的考官，又像是弱小无助的考生，一方面评判着父母，另一方面又忐忑不安地等待父母的评判，直到得到自己满意的答案，或者是彻底失望。

🍃 被孩子的试探带偏

如果家长不清楚孩子行为背后的真实心理——想试探父母对他们的爱，就会被孩子牵着走，甚至直接被带偏。

（1）孩子不断提出物质要求

孩子不断提出物质要求，要买各种盲盒、明星周边、游戏充值。一不答应就大吵大闹，说父母嫌弃他，不喜欢他了。家长无奈地只能尽量满足和答应。

沉重的经济压力，以及对孩子沉迷于物质享受的担忧，会压得家长喘不过气来。我听过一个最夸张的案例，孩子在一个月之内，花了家里五六万块钱，而且家里并不是什么大富大贵的人家。爸妈苦不堪言，但又不敢拒绝，天天唉声叹气。孩子买到东西那一刻很开心，但事后又后悔，觉得自己拖累了父母，就只会花钱。

反思之后却不能痛定思痛，而且过几天又再买，反反复复。除了父母愿意给自己花钱，孩子找不到其他能证明父母爱自己的证据，就像深陷泥潭一般，无奈又沮丧。

(2) 孩子动不动就哭闹、发脾气

父母一句话没说好，孩子就情绪失控，把家里闹个天翻地覆。

父母没办法，只能忍气吞声，说话轻声细语，小心翼翼地生怕惹到孩子又是一场家庭大战。时间一长，父母也被逼到崩溃的边缘。在这种互动模式中，家长变成了"受气包"，在孩子面前忍气吞声，但往往换不来孩子的安心。相反他们会更加敏锐地捕捉父母的问题，进而不断地质问，让亲子关系愈发紧张。

"整天哭丧着脸，不想看到我就直说""你能不能笑一笑，跟我相处让你那么难受吗""你别装了，你就是巴不得没生过我，一刻都不想跟我多待"。诸如此类的质问和抱怨，让爸妈哭笑不得：你到底要我怎样！

一个妈妈跟我说，有段时间，她跟孩子说话都非常紧张，比见领导还慌，生怕一句话说不好，孩子又发一通脾气。妈妈心里憋屈，又不能说出来。说到委屈处，忍不住掉下眼泪来："我觉得自己都快抑郁了，都不知道该怎么做才好？"

（3）孩子不断承诺，却又做不到

家长每一次都满怀着期待，等来的却是一次次的失望："去不了""做不到"。

家长失望，孩子愧疚。父母往往并不知晓，孩子只是为了讨好父母，才做出种种承诺。答应的那一刻，孩子心里就是虚的，深知自己做不到。长此以往，一方不敢再相信，一方不敢再答应，彼此之间的信任被消磨殆尽。凡此种种，双方都同样迷茫，又都被对方牵扯着，越走越看不到方向。

🌿 家长可以做什么

描述这一现象的目的，其实是希望帮助家长们穿过迷雾，寻找到一些解决问题的方向。孩子的人生阅历和思考能力都相对有限，完全被孩子带着走，可能会将双方都拉入彷徨之中。

遭遇学习困难的孩子，很少会表露自己的真实想法，更多的是想方设法试探家长。家长需要透过孩子表面的行为和语言，看到他们真实的内心需要，这样才有可能迎来真正的柳暗花明。在这里，我同样提供几个小建议，供大家参考。

（1）厌学不是世界末日，只是困境之一

从孩子的视角，很容易将厌学这件事灾难化、极端化，认为自己这辈子都完了，人生无望了，整个人都废了。若是家长也认同孩子的这种看法，甚至比孩子还消极和绝望，那么想要让孩子振作起来，找到解决办法，应该说希望比较渺茫。

孩子的人生道路还很长，花上几个月甚至一年来解决当前面临的困境，还是值得的。

（2）透过孩子的行为，看到内心需要

这也是我们通篇想要传达的一个观点：孩子的行为，和他想表达的真实意愿，可能并不同步。

观察总结孩子的行为规律，不要完全被孩子带着走，冷静分析，才有解决问题的可能性。

（3）关注眼前的问题

家长只是想方设法说服孩子上学，却不关心孩子面临的困难及内心的恐惧等，大概率是难有效果的。连眼前的这一天都过不好，更别提遥远的未来和孩子的前途，这太不切实际了。

找到经营好亲子关系的方式，让大家都能平静下来，家人好好相处，打消孩子的不安和试探，才能为解决问题创造良好的土壤。

解决孩子眼前的困难，化解孩子切切实实面临的情绪问题，才能更长远地规划上学这件事。家长要尽量跟孩子站在一起，而非在前面拼命拽着他走。

躺平，也是一种自我保护

如果说孩子们也有什么坚定不移的幻想，那么，"不努力学习，也能有好成绩"必定是其中之一，关于这点我在前文中也提到过。常听到家长们抱怨，自己的孩子总是不肯尽力学习，光想有好成绩，这怎么可能呢？家长在发现孩子有这种情况时很容易将之归因为"懒"。

当然也不排除有少部分孩子是真的习惯偷懒、不思进取。但我接触的大部分孩子，特别是突然"不努力"的孩子，"偷懒"背后大多另有"玄机"，他们是在用自己的方式进行自我保护。

❋ 成绩"滑铁卢"

曾有一位家长跟我描述孩子的一个心路历程。某一次重要的阶段考试过后，成绩一向优异的孩子，排名遭遇了"滑铁卢"，突然下降了将近 20 名。孩子当时看起来似乎还算镇定，虽然备受打击，但还能坚持认真学习，空闲时间也会抓紧复习。

不走运的是，第二次考试，成绩依然停留在下降的位置，只是稍稍提高了几分。孩子渐渐开始变得消极，经过一番纠结之后，孩子向父母宣布："让我回学校可以，但我是不会努力学习的。"并且孩子说到做到，回校之后上课睡觉，作业随便写，甚至考试也是胡乱写几笔后就趴着睡觉。老师批评、提醒，都无济于事，家长天天收到学校的投诉，心里苦不堪言。

家长想破头都想不明白，一向听话、乖巧的孩子，怎么突然就像变了一个人一般，自暴自弃起来。

🍃 我不像高三学生

无独有偶，在我接触的孩子中，有一个高三的孩子，也正经受着"无法努力学习"的困扰。正值高三，十二年的学习成果即将验收之际，他比任何人都清楚，这时候应当抛弃一切杂念，全心努力学习。

但他似乎有些"身不由己"，上课总是莫名其妙地走神，有时候还会无意识地发呆；晚自习原本有很多作业要做，却总是做着做着就发起呆来，有时候甚至趴着就睡着了，醒来时一个晚自习就过去了。看到同学们天天像打鸡血一般讨论学习，抓紧哪怕下课的几分钟时间赶紧背书、做作业，对比之下，他自己会有些恍惚：我好像不像一个高三学生。

他不想努力吗？不，他比谁都想。 每一个睡觉的晚自习，他都无比自责。但是到了第二天晚上，又会不由自主地发呆，想睡觉。

对比同学们积极的精神状态，他内心异常焦虑，却就是行动不起来。

🍃 "不努力"的意义

以上提到的这两个孩子，呈现的是"不努力"的两种状态，一个是决绝而坚定，一个则是犹豫而纠结。但究其本质，却是相同的。

我们常说，**人做每一项选择，都一定会出于某种目的，或者是对自身有一定的意义**，即使这个意义，在旁人看来是完全无法理解的。那么，有意识或者无意识地选择不努力，会有什么目的或者意义呢？你可能会说，不努力还有什么意义？作为学生，不努力学习，不是拿自己的前途开玩笑吗？早晚会后悔的。

是的，或许他们以后会遗憾自己现在的选择。但就目前而言，**这样的选择，能帮助他们实现"自我保护"的目的**。

孩子不那么努力，至少有以下几方面的意义。

（1）**对取得好成绩不抱过高的期待**：如此，即使最后结果不尽如人意，也不会太过失望。

（2）**保护自尊**：我不是能力不行，只是我不够努力。

（3）**给自己留后路**：只要我哪天努力起来，一定能取得好成绩。

诸如此类，在潜意识中完成了对自己的保护，将大部分让自己痛苦、失望和挫败的情绪，都隔绝在外。当然，也将成功和取得好成绩的可能性，一并隔绝在外。

🌿 努力，越来越不被重视

努力是一个好品质吗？当然是。但我渐渐发现，在现在的环境中，在孩子们的同伴关系中，努力越来越不受认可和重视。大家看不上默默努力但成绩平平的孩子，轻视他们身上的坚持、韧性以及不怕困难的品质，甚至认为他们笨，只会死读书。

孩子们推崇的是怎样的同学呢？是平时看起来学得非常轻松，甚至都不怎么学习，上课睡觉都能取得好成绩的孩子，同学们会认为他们聪明、能力强。成绩这个结果，足以掩盖掉所有的瑕疵和不足。

换句话说，在孩子们生活的环境中，急功近利、唯结果论，已经慢慢影响到他们的价值观。一个孩子只有努力，却没有好成绩，是被人瞧不起的。那么，如果不能保证成功和进步，还那么努力有用吗？

这就陷入一个悖论中：**没有人能保证，努力就一定能成功。**

🍃 我需要确认的"成功"

以上面谈到的高三孩子为例。他某一段时间突然找回了学习动力，变得非常努力，听课效率高了，精神状态也好了起来。一打听，才发现是不久前的一次考试，基于各方面的原因，他的成绩有了很大的提升，这让他非常振奋。

用他的话说便是："我前段时间那么吊儿郎当地学，都能有这个成绩，我再努力一点，成绩肯定更好。"短暂找回的信心，让他能够暂时放弃潜意识的"自我保护"，投入地去追寻自己想要的成功。

这也就能解释，很多孩子突然"不努力"，都是在遭遇打击和挫败之后出现的。我们眼中破罐子破摔、不学无术的孩子，都曾经有一段"好学生"的美好时光，上课认真听讲，仔细完成作业，对未来满怀憧憬。

或早或晚，有的从小学开始，有的从初中开始，晚一点在高中时期，遭遇成绩上的挫败，在自己无法寻找到更好的应对方法时，就会**选择"不努力"这个防身法宝**。加之身边人的不理解，父母的责骂和失望，又加重了他们的自卑，于是变本加厉地陷入防御和自保当中。

等他们意识到事情的后果时，往往已经悔之晚矣。

❀ 理解孩子的"自保"动机

这里提醒大家，如果你的孩子刚出现"不努力"的苗头，别急着指责，别急着给他贴上"懒"的标签，换个角度，寻找一下他这么做的原因。这可能是出于"自我保护"，或者其他理由。父母若是能真正看到，并且理解他们潜意识中的"自保"，对他们一定是莫大的安慰和支持。

我们都很清楚努力不一定会成功的道理，但我们大部分人，在坚持一件事情的过程中，都是需要认可和正向反馈的，这样才能有继续前进的动力。像爱迪生发明电灯一般，他失败了1600多次，还能保持动力和信心，绝非你我凡人能做到。

更有甚者，孩子本身并不清楚自己为何会做出这样的选择，只是觉得没有动力，莫名其妙地提不起精神学习，是被无意识裹挟着走的。若是我们能帮他们理解内心"模糊"的动力，说不定他们自己就能找到新的出路。

这些总比他们多年后追悔莫及，要更有价值。

PART 1
学习动力的加减法，先从读懂孩子开始

启动"鸵鸟"模式，谁也拿我没办法

碰到学习退缩的孩子，作为家长，很容易凭借自己的经验，得出结论：你就是在逃避。紧接着，便开始苦口婆心地进行劝导："遇到事情要积极面对，不能逃避。逃避不能解决问题，你能逃到什么时候呢？早晚都是要面对的。"

不承想，孩子们对家长的话完全不领情。要么假装在听，却完全不入心；要么干脆门一关，拒绝沟通；更有甚者一谈就崩，大吵大闹，弄得家庭乌烟瘴气。

孩子们就像"鸵鸟"一般，在危险来临时，一头扎进沙子里，假装什么都看不见，什么都听不见，以为这样就能全身而退："什么问题都没有，我很安全。"这是逃避吗？这当然是逃避。

父母们会很奇怪：**我明明指出了症结所在，也是想帮他，他怎么就不领情呢？**准确地说，他们不是不领情，而是不敢听，不敢面对，不敢领情。如果可以话，我估计他们很想拥有一个能把耳朵关闭的装置，然后再加上一把锁。

他们坚信，启动"鸵鸟"模式，谁也拿自己没办法。

🍀 我希望在家里隐形

我听过一个比较夸张的例子，有一个初中男孩，头一天还看似很正常地上学，第二天虽然起床晚了一些，还是不吵不闹地去了学校，家长完全没留意到有任何不对劲的地方。当天晚上放学回家之后，孩子就把自己关在房间里，除了手机，其他什么东西都没拿，锁上门，不跟家人说一句话，怎么叫也不回应，也不让任何人靠近，只是从门缝里递出来一个纸条写着"我不想回学校了"，就再没有任何回应。爸妈急疯了，恨不得拿刀劈开那道门，把孩子揪出来问个清楚。孩子到底怎么回事？在学校遭遇了什么，没有任何人知道。

更奇怪的是，接下来的日子，只要父母在，他就坚决不出房门，也不出来吃饭，甚至水都不喝（房间有厕所）。不管父母怎么说，怎么劝，孩子都不肯出来。实在没办法，爸妈只好做好了饭，然后出门去做自己的事。说来也怪，爸妈一出门，他就能坦然地出来吃饭，甚至在客厅溜达一下（客厅有监控）。爸妈看到监控画面气得不行："我们是魔鬼吗，是有传染病吗，你要这么躲着我们！我们也是想帮你呀！"

这个孩子，在用全部的行动告诉家长："不要靠近我，不要跟我说话，不要问我任何事情。"他躲在自己的房间里，像是受伤的野兽躲在偏僻的山洞里，拒绝任何善意或恶意的靠近。

孩子只想逃避，只想来一次掩耳盗铃式的逃避。这时候，家长任何突破边界的尝试，都只会让他逃得更远。孩子就像一只受伤的野兽，藏身之处一旦被人发现只会狼狈地逃到更远、更偏僻的地方。

🌿 有些话，需要"看破不说破"

在沟通当中，父母很容易站在"上帝"的视角，将自己看到的、发现的问题的关键和本质，都一股脑地说出来，并美其名曰：说出来是为了你好，如果不关心你，根本不会告诉你这些。

这话听起来没毛病，问题在于，父母忽略了两个关键点。

第一，孩子当下是否有足够的心理能量承受这些"一针见血"的话？

第二，这些话是否真正能够促进孩子改变和突破？

在家长的臆想中，当我们告知孩子问题所在之后，孩子应该立即恍然大悟，并且奋起直追，振作精神去上学，但想象总是美好的。稍加分析后就会发现，那些发展到厌学，打死也不愿意回学校的孩子，其实此时对自身的评价是低到极点的"垃圾""拖累""一无是处"等等，这都是他们常用的自我评价。

在这种情况下，人其实会启动一种自我保护机制，抗拒、抵制一切负面的评价，保护自己残存的、脆弱的自尊心。要么反驳，要么装听不见，要么关门不听，都是为了达到这一效果。

逃避当然不好，但在某些时候，这是我们暂时的生存手段。就像一部电视剧里的台词一样："逃避可耻，但有用。"因此，**评估孩子什么时候能承接住这个"直指内心"的负面评价很关键。**

打个比方，一个人身体已经很虚弱了，此时面对一群敌人，他拼命想往回逃，你却告诉他："你不能逃，站起来，继续打！"这些话他是不可能听进去的。等到他身体恢复，有足够的力气，你再告诉他:"不要怂,起来战斗。"他或许能听进去,认为你是"智者",点醒了他。有的话不是不让家长说,而是选对时机很重要。

为了搞清楚这个所谓的时机,我们可以根据下文自问自答几个问题。

🌿 家长"四问"寻方法

第一个问题:指出孩子在逃避,他就会改变吗?

大部分时候,答案是不会。他会理直气壮地告诉你:"我就是在逃避,我就要逃避到底,反正我什么也不指望了,过一天算一天。"这些话听起来很扎心,特别是作为父母,会更加失望和痛心。此时孩子就像一摊稀泥,怎么扶都扶不上墙,是一幅彻头彻尾的自暴自弃样子。

厌学,一定不是一天形成的。等到发展到厌学的状态,孩子的自我否定早就已经深入骨髓了。当孩子眼中已经看不到希望的时候,再告诉他要振作起来,不要逃避,大多是徒劳的。因为他不知道振作有什么用,也不相信自己还能有力量振作起来去战胜困难。此时**他更需要的是外界给他力量,而不是告诉他应该振作起来**。

第二个问题:孩子究竟在逃避什么?

换个说法就是:孩子究竟是什么原因导致厌学?这是极易被家长们忽略的问题。家长大都急于寻找到方法,让孩子立刻回到学校,好让一家人的生活恢复如常。**我们急于问"怎么办",很少**

问"为什么"？

那么，学校里究竟有什么是孩子无法面对的，一定要逃回家里寻求庇护呢？

大概有以下几类：学习和考试的压力；排名、比较和残酷的竞争；人际关系问题；与老师之间的沟通问题；无法适应学校的规则和管束……诸如此类。知道问题所在，才能真正着手，与孩子共同面对问题。

外界环境能改善的就改善一部分，不能改善的，也可以促进孩子接受一部分。如果能够寻求学校支持，就去寻求一部分支持，这样多管齐下，至少给孩子的感觉是家人在了解他内心的想法，在感同身受地体会他的困难，帮助他一起面对问题。如果仅仅告诉他"你要面对""你要积极努力"，是很难取得预期效果的。

第三个问题：孩子为什么会逃避？

逃避，在我们的观念里，这是个贬义词，懦夫、胆小鬼才会逃避。实际上，我更愿意把"逃避"当作一个中性词，它是我们遇到无法面对的困难时，一种暂时的"自我保护"策略。

就像最近流行的词"躺平"一样，其实是同一个意思。人总需要有一些时候不那么积极，可以用来休息，调养生息，问题在于**逃避的时间长度和逃避的目的**。当逃避变成一种模式，一遇到问题便拔腿就跑，或者短暂的调养变成长期的"卧床不起"，这就是问题了。

习惯逃避的孩子，往往是面对困难缺乏处理的经验，对自身的能力评价极低，只要事情稍不顺心，便"三十六计走为上"。此时，我们就要问：是谁剥夺了他们主动克服困难的机会呢？往往是父母的过度保护和关怀。父母万事包办，孩子只需要搞好学习就行的态度，导致孩子遇到困难就想逃避。

可是学校不仅仅只是学习的地方，也有各种各样的压力和困难，必须要有一身本领，才能顺利通关。家庭应当为他们锻造一身克服压力和困难的本领，如果以前没有，现在可以及时调整，让孩子有机会"自己打怪升级"。

第四个问题：为什么孩子可以长久地逃避？

我常碰到厌学孩子的家长无比沮丧，似乎能做的都做了，可孩子还是不愿意去学校。老师也沟通好了，不严格要求，不批评；想听课就听，累了可以睡觉，作业全凭心情；同学们热烈欢迎，积极跟孩子做朋友；学校尽最大努力支持，帮助孩子回归校园。结果，孩子还是不愿意去学校，甚至走到学校门口都痛苦万分，选择继续逃回家里。

面对这种情况，我们就要继续深入思考一个问题：**他为什么可以随时逃回家里**？

实事求是地讲，无论我们将学校打造得多么舒适，始终都不可能像在家里那般畅快，想做什么做什么，想几点起床便几点起床。孩子想逃回家里，要么是家长主动欢迎，要么是被迫答应，孩子始终都有"可乘之机"。

其中，被迫接受的，应该占大多数，毕竟，家长都还是希望孩子好好上学。不过，**有些孩子们太聪明了，太懂得抓住家长的软肋了**。

例如，我见过有些孩子，家长一提上学的事情便自我伤害——划伤手臂、头撞墙，吓得爸妈收回所有的话，还要努力哄孩子开心。又如"坚决不动型"，无论家长说什么，制定什么规则，提什么要求，孩子都"稳如泰山"，完全装听不见。再如，一回到学校便浑身不舒服，不断打电话找家长哭诉，家长也被弄得心烦意乱，几乎要得"电话恐惧症"，无奈之下，只能妥协。

最终，家长便会变成：我能说的都说了，能做的也都做了，他就是不愿意回学校，我也没办法。父母彻底被孩子拿住，孩子当然可以轻松、自在地在家里"占山为王"，何苦要回学校受那份罪呢？至于未来和前途，还远着呢，管那些干吗！

遇到这种情况，作为家长需要思考一下：我们是怎么被孩子拿捏住的？我们的软肋是什么？是害怕孩子发脾气，还是看不得孩子难受、伤心？是我们害怕麻烦，还是我们很多时候也会放弃？拿回家庭中的主动权，或者至少是与孩子平等的权利，才可能真正帮到孩子。

从不偷懒的我，为何越来越累

不知道大家有没有发现，有一类孩子学习很努力，几乎是不浪费任何一点时间，争分夺秒地学习、做题。然而这样的努力，没有让他们心理安定，反而是越学越焦虑，学习效果不好不说，情绪也愈加烦躁不安。

这背后的原因是什么呢？有没有可能是：正是因为焦虑，才要不断地、超负荷地努力？下面就来展开说一下，应对焦虑的不良方式及相关问题。

❦ 什么是"付诸行动"

我们前文提到，因为焦虑才超负荷学习，这在心理学上有一个专业术语叫作"付诸行动"。什么是"付诸行动"呢？

付诸行动是一种心理防御机制。有些人不能直接地表达情绪和情感，但会做出相应的行动，即用行动来表达潜意识深处的情绪。简单地说就是通过行动来缓解内心的冲突。比如一个人伤害了我，我没有愤怒，但是选择招呼都不打一声，挥挥手直接转身离开，这就是付诸行动。

再比如，孩子觉得自己做错了事，想获得父母的原谅，但就是不开口认错，而是尽量好好表现，比如积极做家务，准时睡觉，不玩手机……明眼人都能看得出来，这就是在承认错误、表达歉意。不过，道歉的话，他们不会真的说出口。

或许大家会有疑问：积极行动不是挺好的吗？不是一直鼓励我们要行动起来，不要沉浸在焦虑中吗？别急，这背后有比较复杂的原因。

🌿 "付诸行动"的两层含义

第一层含义：把我内在的想法通过行动付诸实践。

第二层含义：通过行动来化解内心的冲突和压抑的情绪。

看出区别了吗？

第一层意思是有了想法，有了目标，就通过行动去实现。

比如孩子想把数学成绩提高 10 分，于是就通过上课认真听讲、课后努力做题，或者找人补习等方式来巩固数学知识。行动起来，完成任务，实现梦想，就是我们的目标。

第二层意思的行动，其实是作为一种心理防御机制的"付诸行动"，行动不重要，缓解冲突，发泄情绪才是追求的目标。即行动的最终目的不是做出什么成绩，而是让自己安心、平静。

就像上文提到的做家务的孩子，第一层意思的行动，孩子就是想让家里干净一点、整齐一点，于是选择做家务。第二层意思的行动，则是孩子向父母表达歉意，获得原谅。

长期使用防御机制的"付诸行动"，可能会引发意想不到的问题。

🌿 隔离情绪，避免痛苦

要是我们问一个习惯于"忙起来，把时间都排满"的孩子："你觉得焦虑吗"，得到的答案大概率会是否定的。"我不焦虑呀。我忙得不得了，还有好多知识都没有掌握，哪有时间焦虑呢？"这话听起来是不是挺有道理的？

让自己忙起来，转移注意力，对于普通的、轻度的焦虑，是一个相对有效的应对方式。没时间焦虑了，自然也就少了很多痛苦。身边的人都说自己勤奋，自己内心也会更笃定、更踏实。

久而久之，这样的做法就成为一种模式，被固定下来。

🌿 为了求心安，而不是求效果

之前遇到过一个让我觉得很心疼的小女孩，在我们每次交谈时，她都端端正正地坐在对面，一个小时里基本都不换姿势。我提醒她："你可以坐得放松一点，没关系的。"她说："我习惯了，没事的。"从这个小细节就能看出，她平时对人多么谨慎、认真、一丝不苟，希望时刻让自己保持最佳的状态。当然，这样做她也会很辛苦。

她上高一，成绩跟不上，每天都非常焦虑，把所有的时间都用来学习，恨不得自己不吃饭、不睡觉最好。她每天都第一个到教室，最后一个离开，每天尽量少喝水，这样可以少耽误时间去厕所。她选择一个人吃饭，因为等朋友会花掉好几分钟时间。她从不在课间出去玩，哪怕只是到阳台上透透气，这对于她而言，都是罪恶的选择。

她看起来很认真、很努力，对不对？实际上，她的学习效果非常差，情绪也越来越焦虑。老师旁敲侧击地提醒她不要"假努力"，要适当休息。她似有所悟，但是根本改变不了。她意识到自己学习状态出了问题，经常听着课就无意识地走神，进而陷入严厉的自我批判中："我怎么又偷懒了，我怎么没有把时间全部利用起来学习，我真对不起爸爸妈妈，他们那么辛苦。"

我问她："这种批判会持续多久？你会提醒自己够了，可以停下来了吗？"她说："我不会让自己停下来，我会狠狠批判到自己觉得够了为止。"口头批判还不够，她还有不受控的自残倾向，觉得应该惩罚自己学习不够努力。

实际上，这种痛苦的坚持，已经让她不堪重负了。她严重失眠，每次翻开书本都要鼓起莫大的勇气，也越来越回避学习。周末的时候，她会报复性地玩手机。

矛盾的是，她又会更严厉地逼自己去学习，她说："不学习我不安心。"哪怕对着书本发呆半天，也比去放松和休息让她更安心。

显然，**她的努力不是为了取得效果，而是为了求安心。**

🌸 努力，却看不到成效

没有谁能保证，努力就一定能做好每件事，一定会比身边所有人成绩都好，更何况是带着强烈的焦虑和不安，注意力经常被分散的"假努力"。现实是残酷的，"假努力"的结果往往是失败。

这种问题通常出在"屡战屡败"的情况中，也就是努力了，却看不到效果，没有进步，甚至比身边人表现更差。强烈的挫败感袭来，当事人一下就会懵掉。就像上文中的孩子一样，她越是努力，失败的次数就会越多，她也就越会归因为自己付出的不够多，继续逼自己努力学习。

挫败感会引发更多的焦虑，而为了防御越来越强烈的焦虑感，孩子就越想加倍努力，**加倍地"忙起来"，直到自己精疲力竭**。于是，也就有了熬夜学习，坐在书桌前，即使一个字也看不进去，也一定要坐着，不能去休息这种错误的行为。

明明听不进去课，也要不断地强迫自己集中精神，生怕听漏了一个字。为了避免焦虑，干脆把所有知识点都记下来。手都写到酸痛，脑子里却一个字也没有理解。这时候的忙，就是纯粹的"自我安慰"了。恶性循环也由此开始：越看不到成果，就越焦虑；越焦虑，就更加努力；加倍努力之后，还是没有任何效果，于是换来加倍的焦虑……

也就是说，原有的应对模式彻底失效，孩子陷入迷茫和混乱之中。

🌿 为了防御焦虑而努力，很难有成效

这类为了防御焦虑而努力的行为模式，注定有一天会崩塌。一方面是因为没有人能保证努力就一定能取得好成绩，能解决所有问题。另一方面是，这类背负焦虑的努力，往往很难有成效。

这类背负焦虑的努力，往往有以下几个特点。

（1）目标不明确

抓到事情就开始做，无论大事小事，都力求面面俱到，什么都管，什么都做。就像案例中的女孩一样，她只是埋头学习，但对于哪些是自己的优势学科，哪些需要加强，哪些是知识漏洞，完全一无所知。

她采取的是"眉毛胡子一把抓"式的学习，这样一来，就很难把精力集中在真正重要的地方，自然也很难出成效。

（2）急于求成

成功感能让我们获得自信，肯定自身能力，能够缓解焦虑。自然地，当我们为了缓解焦虑去做一些事情的时候，必然想要快点看到成果，恨不得今天种下种子，明天就能收获。

一旦短期内看不到效果怎么办呢？要么放弃，要么转战其他事情。我们常常会见到孩子"喜新厌旧"，做什么事都是"三分钟热度"，从这个角度来看，出现这种情况也就不足为奇了。

（3）很难理智分析

被压抑、被隔离的焦虑，看似觉察不到，实际上会影响到我们平常的一举一动。带着焦虑去做判断和分析，很容易失去理智，错失机会，甚至做出错误判断。

例如，焦虑的孩子制定的学习目标，往往大而高，比如一定要考到班级前几名，一定要每门功课都考 80 分以上，哪怕现在的成绩只是在中等水平。这个分析定位，是为了缓解焦虑制定的，而不是真正客观、全面分析后制定的目标。

🍂 孩子应该怎么办

为了打破这种恶性循环，这里照例提供几个小建议作为参考。

（1）觉察，而非回避情绪

觉察、面对和接纳情绪，才可能真正地消化情绪。通过压抑，或者付诸行动的方式试图转移情绪，都是"掩耳盗铃""自欺欺人"，长此以往，焦虑爆发时会让人措手不及。

（2）极度焦虑时，休息而非"努力"

焦虑到坐立不安时，要强迫自己休息，而不是继续学习。

超负荷的学习，一方面是效果不好，会加重自我怀疑；另一方面，过度的精力消耗，也会导致人更加虚弱和无力。无论哪一种做法，都并不利于情况的好转。

（3）给失败一点休整的时间

遭遇挫败时，不要急于投入新的"行动"，给挫败情绪一点消化的时间，同时总结经验和教训。准备好之后，再开始新的任务。

（4）制定短期的、具体可行的目标

定目标是为了督促自己达到一定的高度，而非缓解焦虑。目标过大、过于笼统，达不到的时候，反而会加重焦虑。

制定一个符合自己情况的、可行的目标，能给自己一种方向感、确定感，大大降低焦虑。

（5）学习多种焦虑应对方式

不知道大家有没有发现，这种"付诸行动"的方式之所以会出现问题,有一个关键点是我们应对情绪的方式太单一。不管是轻度焦虑,还是严重焦虑,通通都是忙起来、行动起来。模式太过单一,一旦不奏效,便很容易陷入无助和崩溃之中。

多给自己准备几种武器,可以做到有备无患。对于这一点,我也会在本书的其他章节中展开叙述。

做不到完美，我宁愿放弃

缺乏学习动力的孩子有很多本身就非常优秀，比如相貌出众、为人善良、成绩优异，却依然对自己很不满意。

总觉得自己什么都比不上别人，又提不起动力改变自己，因而陷入挣扎当中。几经挣扎无果，便陷入自我怀疑，甚至自我放弃的怪圈之中，跌跌撞撞，找不到出路。

越优秀的孩子，越容易陷入完美主义

过早优秀，有时候会像一个陷阱，拉着孩子在不断追求完美的路上一路狂奔，看不到终点。而不断的正反馈，每一次都是"优"的评价，又会给他们一种错觉：我真的可以做到事事完美。

不断强化之下，完美主义的思维模式便悄然形成了。对于完美主义的孩子，我们常会有疑问：既然你对自己要求高，那你就得努力呀，不行动，怎么能完善自己呢？

道理其实他们都懂。但对于过度完美主义的孩子而言，**"自己必须完美"反而成为一种枷锁、一种禁锢**，导致他们停滞不前。做就有可能错，就有可能失败，那就不完美了。对"不完美"的恐惧，让他们一步都不敢往前迈。

完美主义的类型

完美主义并不算是一个新鲜的概念。过往的心理学研究中，经常将完美主义视为损害心理健康的一种威胁。然而，近年的研究发现，将完美主义一概而论，认为对我们内心有害，这可能是错误的观念。在研究中，人们发现完美主义可以分成两种类型，即奋斗式完美主义和评估式完美主义。

奋斗式完美主义者：总想比其他人做得更好，自然对自己也有更高的要求。他们更多地将**关注点放在前方**，只要能朝着前方迈进一步，他们便会充满动力。

评估式完美主义者：内心同样有一个高于一般水平的标准，只不过他们关注的重心往往不在目标，**而在于自己和目标的距离**。

当奋斗式完美主义者将时间和精力花在一步步靠近目标时，评估式完美主义者则将大量精力放在琢磨自己离完美有多么遥不可及上面了。

比如，同样是想取得好成绩，奋斗式完美主义者的想法可能是"先做了再说，做得越多效果越好"。于是，马不停蹄地开始听课，做练习，跟同学讨论，总结学习当中的问题。

评估式完美主义者，则倾向于先花大量时间来做完整、充分的准备：比如寻找合适的学习环境，准备最好的学习用具，买最恰当的学习资料，寻找最搭配的老师，找到最佳的学习方法。一番折腾下来，却发现还是在原地，一步也没动。

厌学的孩子中这种倾向就更明显了。很多厌学孩子的心中，会有这样一个信念：我一定要准备到100%才能去学校。比如，去学校遇到同学习难，该怎么应对，自己的情绪是不是已经调整到最佳状态了，自己的学习进度会不会跟不上。

总之，只要有一点准备得不充分，就坚决不愿意迈进学校的大门。日复一日，就这么拖下去了。一边是焦虑万分，一边又为自己的胆怯、停滞而自我否定，只是最终还是停在原地，一动没动，**因为永远不会有100%准备好的一天。**

由此可见，评估式完美主义更容易受到焦虑、抑郁的影响，长时间陷入情绪困扰中。

❀ 自我批评陷阱

评估式完美主义者，在面对与目标的差距时，很容易陷入自我批评。

评估式完美主义的孩子，内心往往有这样的假设：为了达成目标，我必须准备充足的、万无一失的条件。比如，想练出完美的身材，得有钱请最好的私人教练；要好好学习，得先营造最合适的学习气氛；要交朋友，我必须要有最好的人际交往技巧。

这些条件基本不可能全部满足，因此在开始行动之前，就可能已经开始泄气了。抬头一望，成功无缘，泄气地一屁股坐在地上。也就是说，每一个没能够满足的条件，都加强了他们心中"我还不够"的认定。

"你看，我什么条件都达不到，我真没用，我什么条件都不具备。"泄气之后，当然就更难采取行动。没有行动，又哪来的成功和进步呢？眼看着其他人一步步超越了自己，现实又再一次证明："果然我什么都做不好。"由此进入**一个"完美"的自我否定闭环**。

就这样不知不觉中，孩子陷入了自我批判的怪圈。一边是那个完美得发光的目标，**一边却不得不面对无法真正开始的自己**。正是这种自我束缚，让他们备受折磨、焦虑异常。

完美主义不是缺点

想要更好或者对自己要求更高并没有错。前文的分析和描述，主要想说明两个问题。

第一，完美主义本身并不是错误或者不好的。

特别是青少年，很少有人在十几岁的时候甘当咸鱼，甘愿终其一生默默无闻。

有一个高远的目标，甚至追求完美，都可以成为一种前进的动力。真正有问题的是"评估式完美主义"。评估式完美主义不断放大自己与成功之间的差距，最终导致止步不前。

第二，人的思维模式，需要适时调整。

如果一种思维模式带来的仅仅是焦虑或自我批判，却对改变现实丝毫没有意义，那么这种思维模式就是需要调整的。比如，评估式思维模式的陷阱：我必须100%准备好，才能迈步；如果我失败了，我的人生就没希望了。

怎么去改变

如果你或者你的孩子，也符合上述评估式完美主义者的一些特征，不妨从以下两个方面做出改变。

（1）用发展的眼光，审视自己的不足

站在设立的远大目标面前，感到自己格外渺小，这是再正常不过的事情了。可是，**目标本来就是用来通过努力达到的**，如果一开始就和目标很接近，还有什么努力的必要呢？如果在面对目标时，感到自己特别无能为力，不如先从能够做到的事情入手。

（2）细化目标，拆解目标

就像我们大概率搬不动200斤的石头，但是我们可以把石头敲碎，一点点搬回家。同理，想要成绩进步，就先从某一科基础好的功课开始提升。想要交朋友，就从跟不熟悉的同学打招呼做起。

如果一定要坚持，必须一次性把200斤的石头搬回家，大概率只能守着石头发呆和哭泣。

（3）区分"我不够好"和"我目前做得不够好"

评估式完美主义者之所以会陷入"自我批评—自暴自弃"的循环，很大原因在于混淆了"人"和"事"的区别。

"我这件事做得不好，就等于我这个人不好，代表我没用，我失败。""一件事做得不完美，就代表我这个人不完美。"因此，一次考试没考好，一次交友不顺利，就足以让他们崩溃，陷入迷茫中，认为"我就是这样的人""我不够好""我不可能做到"。

上面是评估式完美主义者在面对理想与现实的差距时，很容易得出的结论。放大失败的影响，当然就很容易因为一两次失败又退回原地。

其实,失败只能说明"我目前做得不够好",不代表"我不够好"。在"人"和"事"之间,画一条线,才能真正正视失败。

作为"乖孩子",我的叛逆从学习开始

前文讲过,经历学习动力断崖式下降的孩子,大部分都是好学生、乖孩子。他们成绩优异,遵守规则,学习自觉,是同学的榜样和家长的骄傲。但是几乎毫无预兆,他们在某一天突然就不想学习,甚至不愿意去学校了。

而成绩一般,甚至在学校经常调皮捣蛋的孩子,似乎少有这样的情况。尽管时常不受人待见,他们却似乎对学校有着某种特殊的情感。

❦ "叛逆"不以被重视程度为转移

我曾接诊过一个多动症的孩子,他上初中,因为自控力差,上课经常讲话,跟同学互动时分寸不当,违反宿舍规定等,时不时地被老师批评。同学们也经常找老师投诉,嫌弃他烦人。当然,他的成绩也非常普通。偶尔一两科考试成绩能看得过去,他便高兴得手舞足蹈。有一段时间,因为屡犯校规,学校直接让他停宿,督促他反省。他着急坏了,倒不为别的,只是因为他喜欢住宿,觉得跟同学在一起很开心。

就是这样一个在学校被百般嫌弃的孩子,每次谈到上学,却都是两眼放光,讲起同学、老师来,也是神采奕奕。从很多角度来说,他都不属于好学生,但他确实对学校爱得深沉。

相反,"乖孩子"往往学习成绩好,深受老师和同学的喜爱,走到哪里都是人群中的焦点,处境比差生要好太多了。但就是这样一群"乖孩子",却成了厌学的高发群体,这是一个很值得探讨的现象。

究其原因,往往是以下几种:害怕没考好,让老师失望;害怕做不到更好,不能给班级争光;害怕同学喜欢的只是"戴着面具的自己";担心自己一不小心就把人际关系搞砸。就这样,"乖孩子"将自己困在了自己编织的"可怕的学校"这个牢笼里,动弹不得,最后只能慌不择路地逃避。

🌿 不会"偷懒"

偷懒,当然是一个贬义词。但在某些时候,**适当地"偷懒",也是学生必备的生存技能。**

一个孩子说,她在学校里,只要有一个知识点因为走神没听明白,就会变得异常焦虑,生怕这个知识点没搞懂,学习成绩就落下,跟不上了。做作业也是,只要是老师布置的作业,她都一定认真完成,哪怕是写到晚上十一二点。

跟同学相处也是同样的道理。只要有同学问问题,都是有问必答,还会尽可能照顾到对方的理解能力,讲述得浅显易懂。老师交代她的事情,可以放一百二十颗心,一定完成得妥妥的。她从不偷懒,甚至想都没想过偷懒。长此以往,一想到学校,她只有累、压抑和憋闷的感觉。

终于,她彻底害怕去学校,她厌学了。

🍀 犯错就是灾难

"乖孩子"最显著的特点之一是极度害怕犯错。

犯错就是灾难,犯错就是世界末日,犯错就会万劫不复。因此,如果没有把握不做错,如果这件事可能做不好,那就干脆不做。引申一下便是:如果考试可能考不好,那还不如不考;如果上学只是混日子,那还不如不上。

以往的优秀和成功经历,在这一刻成了他们的负担。他们要求自己必须什么都做好,必须事事出色,这是他们做事的底线。相比学校,当然是待在家里犯错的可能性更低。因此,家长唠叨、催促"你去学校里坐着就好,能听多少算多少",对他们来说大概率是没用的,因为他们接受不了那样的自己。**做多错多,什么都不做,反而没有犯错的机会。**

逃避学校的他们,内心坚守的就是这样的执念。

🍀 不愿循规蹈矩

过早开始"卷"的孩子,很容易过早反感"卷"这件事。特别是当他们某一天停下来,松了一口气,什么都不用管,什么都不用在意,只是舒服地、随心所欲地过每一天,他们会突然觉得这样的生活太爽了!

这个停下来的契机,可能是孩子出了心理问题,请假在家休息的一段时间。这段时间里,家长不再要求他们学习了,学校的人际关系也不用费心应对了,没有学习压力,没有考高分的魔咒等，一切只需要按自己的想法，做喜欢做的事情，哪怕只是躺着睡一整天，想想都觉得很美。

但是一旦回到学校，一切都结束了：又要开始疲于奔命，应付各种各样的人和事，过无休无止的高压生活。身边人会对自己提出一堆的要求，做不到他们都会失望，而自己又要继续疲于奔命，继续没日没夜地学习，继续应付考不完的试，想想都觉得恐惧。

这也正是一部分孩子，明明心理问题已经解决了，还是不愿意回到学校的原因。一个还在上小学的孩子，仰着天真的脸跟我说："我再也不要像以前那样写作业写到晚上 11 点了。**我就是要玩，我就是想玩！**"

这么直白天真的话，也代表了一部分学习没动力甚至厌学孩子的心声。

🌿 厌学是一场叛逆

厌学之后，一场来势汹汹的叛逆行动便拉开了序幕。所谓"叛逆"，用通俗的话来说，就是"你变了，你跟以前不一样了"。孩子要打破以前的生活模式，这就是"叛逆"。

乖孩子的叛逆，会从他们之前最关注的学习开始。他们绞尽脑汁，想尽方法逃避上学。比如，夸大自己的心理问题，继续"生病"；跟父母正面硬刚，一提"学习"二字就爆炸，闹得家里天翻地覆，鸡犬不宁。以前那个一回到家就自觉做作业的孩子，突然一去不复返了。

又或者以不变应万变，拒绝沟通，拒绝跟父母有任何接触，长期把自己关在房间里，与手机和游戏为伴。凡此种种，只要能达到不学习的目的，孩子的十八般武艺通通都会用上。

面对这种情况，家长焦头烂额、心急如焚，却又无可奈何。

🌿 家长应对技巧

下面提供几个建议，供家长借鉴。

（1）清楚孩子在做什么

前文用了大量篇幅，其实就是在说明一件事："乖孩子"逃避学习是怎么回事，他们内在的心理需要是什么，以及他们为什么会如此表达。知晓这个原因，我们才能对症下药，去引导和改善孩子的状态，而不是像无头苍蝇一般，被孩子牵着走：孩子发脾气，便无底线地退让；孩子状态一好，就赶紧逼着他们学习。

孩子本人可能不清楚这样做的后果，他只是觉得之前太辛苦了、太累了，再也不想过之前的生活了，却没有发现自己正走向另一个极端：摆烂，自暴自弃。如此反复拉扯，既消耗心力，又达不到切实的效果。

清楚孩子在做什么，他真正想要什么，才能找到最合适的解决方法。

（2）尽量减少情绪对抗

"乖孩子"叛逆，可以理解为将过去十来年积攒的情绪，在当下集中释放。情绪集中释放看起来威力巨大，且不可理喻。若是孩子发脾气，家长也跟着着急上火，那必然是家无宁日。

另一方面，孩子把所有的心思都放在怎么对抗父母，怎么让父母妥协，自然就没有心思去考虑自己上学的问题、未来的发展问题，事情也就这么一天天地拖了下去。

允许孩子宣泄情绪的同时，家长也要坚持原则，尽可能地镇定，孩子也更容易冷静下来。

（3）寻找一条中间道路

青春期孩子叛逆，行为上容易走极端。在上学这件事上的表现便是要么拼命学习，要么不上学。其实很多事情并非只有两个方向，孩子需要找到一个既能放过自己，又能认可自身价值的道路。

如前文所说"学会适当偷懒"，学校生活可能就没那么难熬了。要相信自己就算没那么乖，成绩没那么好，还是有价值的，有人爱的，如此就不会自己跟自己较劲，也不会让身边的亲人不得安宁了。

（4）接受乖孩子一去不复返的现实

家长都喜欢乖孩子，但没有几个孩子是愿意一辈子做乖孩子的。懂事，超出年龄的成熟，事事周到，是要付出巨大代价的，最直接的就是压抑真实的感受和意愿，一直为别人活着。

某一天，这个乖孩子觉醒了，不愿意再继续委屈自己了，想要寻找自己真正想要的未来。这其实是件好事，正是家庭给予他的安全感和信任感，让他敢于踏出这一步，从孩子成长来说，这是父母的一件功德。

放弃那个乖孩子会再回来的幻想，比如重复念叨："你以前不是这样的啊？""你怎么变成现在这样了呢？""什么时候，你才会回到以前那样就好了。"更切合实际的做法，是跟孩子一起，寻找适合当下的生活方式。

PART 2

家长善做减法,
激发孩子的学习动力

减法 1　把孩子的责任，还给孩子

催促的家长，造就拖拉的孩子

孩子做事拖拉、磨蹭，是困扰很多家长，让很多家长抓狂不已的老大难问题。

有个家长就为此愁眉不展地说："我的孩子吃饭很拖拉，做其他事情也都是磨磨蹭蹭的。吃饭能吃一个多小时，不停地催他也没用。要是不催他，更不得了。催得不耐烦了，就忍不住发火，真不知道该怎么办好？"

对于孩子拖拉，有一些原因我们必须要了解，这样应对起来才能对症下药。

🌿 拖拉，源于规则意识不强

拖拉，其根源是规则意识不强，或者说根本没有规则概念。所谓规则，简单通俗地理解就是：遵守双方的约定，按照约定的要求来约束自己的行为。显然，对于拖拉的孩子而言，规则形同虚设。约定好的时间，答应好的事情，说完就忘，或者自己想做就做，不想做就拖着，拖到天荒地老，最后不了了之。

那么，为何这些孩子规则意识不强呢？

先来讨论一个问题：他们的拖拉有后果吗？以这个家长提起的吃饭为例：孩子吃饭拖拉会有后果吗？对他的生活会有影响吗？他会因此挨饿吗？会因此失去自己最喜欢的玩具吗？会因此减少下楼玩耍的时间吗？

据观察所知，基本都不会有后果。拿挨饿来说，现在这个年代，要想狠下心来去饿孩子一顿，是非常考验家长的耐受力的。首先要承受巨大的"舆论压力"："又不是没吃的，还不给孩子吃饱，这么狠心的爹娘""管孩子有很多方法，饿着孩子就是体罚"。

其次，还有与老人的巨大思想碰撞。在老人眼中，最害怕的就是孩子没吃饱，所以家里不时会上演一幕幕捉迷藏式的喂饭大戏：追着喂，哄着喂，骂着喂，一边看电视一边喂，满屋子跑着喂……让孩子体会饥饿的感觉？很难！

除此之外，还有万千美味的零食等着孩子。家长总是想方设法做各种辅食给孩子补充营养，我们对孩子饥饿的恐惧和担忧，远胜于孩子自己对饥饿的担忧。因此，拖拖拉拉地吃饭会有后果吗？唯一的后果大概就是爸爸妈妈生气起来，挨一顿骂，流着眼泪把饭吃完。

爸爸妈妈生气，孩子会因此怕父母，怕吃饭，他会将挨骂与吃饭联系起来，关键的是，他却无法理解挨骂与拖拉之间的关系。规则没说清楚，后果也没说清楚，挨骂的时候，孩子完全是懵的，也不知道自己究竟该改正啥。

不断威胁，后果却从未降临

对于拖拉的孩子，家长惯常使用的应对方式是什么呢？是威胁。

"你再不快点吃我就把碗收了，不给你吃了！""你再不出门，我就开车走了，迟到了活该！""你再不快点，我就不管你了！"这些威胁都是站在原地，不断重复，却从未真正地施行过。

孩子从未挨过饿，也从未真正因为迟到被惩罚，父母也不可能真正地不管他们，真的让他们自己去承担后果。我们**总是把口头上的事实，当成孩子真正体验的事实**，以为说给孩子听了，孩子就能真正害怕，就能有切身感受。

过于依赖语言教育，是教育效果大打折扣的主要原因之一。

要真的让孩子饿上几顿，他才知道，原来饥饿的感觉是真的这么难受，胃里空空的，全身没有力气，饿得心慌的感觉原来是这样的。巨大的冲击，才会给人深刻的印象，孩子才知道要在规定的时间内吃完饭。

说一百次"你再不起床我就开车走了，我就不送你了，迟到了自己挨罚！"都比不上一次真正开车走，孩子真正体验迟到、体验挨批评的滋味来得真切。威胁也好，恐吓也罢，始终都更像是家长虚造出来的后果，不真实，不真切，看不见，也摸不着，自然也就听听算了。

真实世界的游戏规则到底是怎么样的，不遵守规则的后果是什么？在恰当的时候，可以让孩子去试试看，去挨一下饿，受一下累。

🌿 无法坚持，无法统一战线

无法坚持，无法达成统一战线，也是孩子规则意识差的重要原因。

我们仍然以吃饭拖拉这件事情为例。很多家长曾尝试："在规定的时间不吃完，我就收碗，你就没得吃，自己饿着。"如此实行了几次，立刻遇到了无数的困难和阻碍。

不忍心看到孩子仰着天真的脸，可怜巴巴地望着你，甚至饿到没精打采、病恹恹的样子。很多家长看到孩子挨饿立即心疼起来，安慰自己："一两次给他吃也没事吧？"如此行事，规则便逐渐土崩瓦解。

孩子一旦发现规则是可以突破的，是可以想到办法扭转局面的，便会乐此不疲。撒泼打滚，扮萌装可怜，都是孩子行之有效的办法，千万不要小看孩子的洞察力和小心机。孩子可能无法用语言清楚地表达其中的原理，却在实践中将其效果无限地"发扬光大"。

除家长们无法坚持外，家人们无法统一战线，更是建立规则的巨大拦路虎。一个家长主张"公事公办"，严格执行规则，家里其他人不忍心，想方设法给孩子找吃的，或偷偷地或明目张胆地给孩子吃。简而言之，一个团队中有无数"不给力的队友"，还能打胜仗吗？根本不可能。

规则的施行最忌讳家人意见不一致：妈妈说不能吃，爸爸说可以吃；爸爸妈妈说不能吃，爷爷奶奶偷偷给孩子吃……那所谓的规则，也就成了口头上过过嘴瘾的空话，对孩子没有任何威慑力。

所有的规则，对于孩子而言都一定是不舒服的，每个人都希望随心所欲，因为这样最畅快，更何况是孩子。之所以要制定规则，要让孩子遵守规则，是为他适应社会打基础，让他知道上学不能迟到，上班必须按时打卡，规定的任务必须在约定的时间内完成，不然会影响其他人的时间规划和安排，影响整体的工作进度；无视规则就无法融入社会，无法获得生存机会。

但是孩子的小脑袋无法理解这些，需要家长以行为约束的方式让其逐步接受，逐步执行。

执行规则的过程中会产生抗拒和冲突，这都是在所难免的，考验的就是家长的耐力和配合的一致性。

🌿 拖拉的孩子 + 焦虑的父母

前面谈到大部分拖拉的孩子都不用承担后果和责任。那么问题来了，这些后果和责任都到哪里去了呢？能量永远是守恒的，总要有人来承担，事情才能圆满解决。

拖拉的孩子和焦虑的父母是最佳搭档。用通俗的话说，一个急性子的父母背后，永远跟着慢性子的孩子，天塌下来孩子都只是抬抬眼睛。焦虑的父母不停地催，不断地催，淡定的孩子缓缓地收拾，慢慢地走路，心安理得地赖床……他们就像一对孪生兄弟，一直结伴出行。

减法家长
激发孩子内驱力的秘密

家长描绘着拖拉的可怕后果:"再不起床就要迟到了!""吃快点,快点吃,别东张西望,不吃我就倒了!""快点,快点,快点!所有人都等着你一个人!"孩子一边不耐烦地答应"知道了",一边继续慢条斯理地穿衣服,照镜子,仿佛家长提示的后果完全跟自己无关,自己所在的世界时间是静止的,不曾流逝。

我曾听一个家长跟我描绘他们家里每天早上叫孩子起床的情景。每天早晨,一到孩子起床的时间,父母便如临大敌,准备好家中所有能够敲得响的东西,锅碗瓢盆,不锈钢材质是最佳的,敲起来最响。

夫妻俩摆开架势,在预定起床时间前半个小时,便开始忙碌起来,"锣鼓喧天,锅碗齐鸣",热闹极了。家里的狗也跟着"汪汪"地狂吠起来,不知道地还以为这家人天天办喜事呢。

即便动用如此大的阵仗,仍然是有时候能叫起来,有时候孩子仿佛被梦抓住,与现实世界完全脱离了联系。叫不起来的时候,爸妈会忙着做另一件事:编理由向老师请假,什么孩子发烧,生病了,家里出事了,各展其才。

我很好奇:"他自己不起来,迟到了,老师该惩罚就惩罚,该批评就批评,干吗要编理由向老师请假呢?"父母连忙解释:"不行。他这个人自尊心很强,老师批评会让他受刺激,而且我们也不希望老师对他有不好的印象。"我惊叹于这个孩子的精明:他就这么躺着,什么都不用做,父母就帮他把所有事情都安排得妥妥当当。

焦虑的父母总是坐不住，总是习惯跑到孩子的前面，帮孩子解决问题，处理问题，帮孩子把该着急的问题都处理了，帮孩子把该操心的事情都操完了。孩子呢，则慢条斯理，轻松"躺赢"。久而久之，孩子根本不知道哪些责任是自己的，哪些责任应该自己承担，仿佛孩子没有任何责任，一切都是父母的责任。看，父母不正忙着处理吗？所有的催促，大可以当耳旁风。如果被催得烦了，还可以抱怨父母；烦躁起来，干脆把父母轰出房间。这种天塌下来也有父母顶着的状态，孩子何来着急，何来时间观念，何来规则意识？

❦ 小心给孩子贴上拖拉的标签

听过一些孩子这样评价自己："我出门就是慢。""我做事就是拖拖拉拉的，我也没办法。""我就是睡觉会睡过头，起不来，我也不知道为什么。""我也想做事快一点，但就是快不起来，真是郁闷。"

在他们心目中，拖拉已变成一个贴在自己肉中的标签，撕都撕不下来。他们似乎也心安理得地接受，心安理得地继续拖拉。但是，面对拖拉，他们又在内心里否定自己。过多的否定和自我挫败感，让他们没有动力改变和突破。

这个世界上有谁是天生就拖拉的吗？人的处事风格，更多的还是后天选择的结果。但如果父母坚定地相信，拖拉是刻进自己孩子骨子里的，那么随着时间的推移，这个特质就会真的深入孩子骨髓，难以改变。

记得有位家长坚信不疑地跟我说:"我的孩子就是起不了床,你不叫她,十个闹钟都叫不醒她。"我纳闷起来:难道孩子的身体构造跟别人不一样?她拥有"起不了床"的特质?夫妻俩天天坚守职责,负责把孩子弄起床,甚至孩子不起床,家长干脆请假不上班并解释说:"我要是走了,她一定会睡一天。"

孩子也信誓旦旦地说:"我真的起不了床,我也没办法。"由此,一家人共同达成了一个"不可能事件"协定,大家共同维护着,孩子也就心安理得地变成"起不了床"的孩子。很多时候,标签不只是贴在孩子的身上,还贴在了家长的心里,如此这些,还谈何改变,怎么可能改变呢?

其实,父母偶尔也可以偷下懒,把孩子的责任还给孩子。要相信孩子的可变性,如此这般,孩子拖拉也将不再是难题。

🌿 攻克孩子拖延的方法

前文谈了那么多,其实就想表达一个观点:在帮助孩子克服"拖延症"这件事情上,尽量不要帮倒忙。

例如,不断增加孩子的焦虑和压力。又如,过度批评和指责,增加拖延的负罪感。还有,见不得孩子一刻放松,孩子一放下书本就心急如焚。诸如此类,都会加重孩子的"拖延症",甚至自暴自弃,陷入放纵之中。那么,孩子拖延就可以不管了吗?当然不是,拖延的孩子,其实非常需要父母的支持和帮助。

家长可以从以下几个方面帮助孩子增强自控力,远离拖延症。

（1）提示目标和方向

孩子的大脑功能尚未发育完全，自控力相对较弱。相应地，目标感和方向感也差，就容易迷失自己，就像走在路上，很容易被路边的小花小草吸引一般。此时，就需要家长提示一下孩子目标和方向，避免时间过度荒废。

但切忌不断提醒，反复强调，引起孩子反感，点到为止就行。

（2）减少孩子的自责和内疚

当孩子因为拖延过度责备自己时，可以给予更多的接纳和理解，减轻孩子的自责和内疚。毕竟我们都只是普通人，不可能像机器一般，按照设定程序分毫不差地完成。

放松不是原罪，这次超时放松了，下次吸取教训就可以，没必要过度上纲上线。过度自责，会导致孩子对自己的自控力失去信心，愈加依赖父母的催促。父母催多了孩子又嫌烦，最终形成恶性循环。

（3）避免过度标签化

一个孩子一旦认定"我就是个拖延症晚期"，他就很难有改变的动力，陷入一种"死猪不怕开水烫"的无力状态。

父母反反复复提示孩子："你做事怎么这么拖拉？""你快点行不行，天天拖，天天迟到！""你自觉一点行不行？怎么什么都要催？"这些话语传递给孩子一种暗示，久而久之，孩子就会从内心接受家长的评价，不再相信自己的自控能力。

（4）建立奖惩激励系统

要让孩子相信：我是可以准时的，我是可以说到做到的。有了这样的信心，才能一点点进步。

可以在家庭中建立这样的激励机制，准时起床了，标记一个积分，约好的时间出门了，奖励一个积分，让孩子实实在在地看到自己的改变和进步。

另一方面，要让孩子自己面对"拖拉"的后果，父母的提醒点到为止，其他时间旁观即可。多吃几次亏，人才能长记性，老祖宗的智慧一定是有道理的。

增加孩子愧疚感，提升不了学习动力

学习没动力是错误吗，是不正常吗，或者说，是有罪的吗？别人学习都挺积极努力的，自己却这么颓废，真丢脸。大部分孩子，其实是认同上面这样的观点的。

基于这样的观点，面对学习动力不足，吊儿郎当的孩子，家长们习惯性地为他们制造愧疚感，寄希望于通过让孩子羞愧，激励他们振作起来。这样做的出发点是好的，但很多时候，起的却是反作用。

🌿 上学不认真，对得起谁

"爸爸妈妈这么辛苦，为了谁呢？还不是为了你，你还不好好上学。""不认真学习，你对得起谁？你自己想想。""不缺你吃，你缺你穿，就是想让你专心、积极地学习，怎么就那么难？怎么就做不到呢？"说到动情处，有些父母越说越委屈，眼泪一把，鼻涕一把，对着孩子数落个没完。孩子头越来越低，恨不得找个地缝钻进去。

愧疚教育很成功，成功地制造了孩子内心沉重的愧疚。只是，我们很少思考这一点：增加孩子的愧疚感，能提升孩子的学习动力吗？能让孩子真正行动起来，打破现状吗？

大部分时候是事与愿违的。很多孩子"动不起来"，原因不是愧疚太少，而是愧疚太多了。

🌿 我都不上学了，还吃什么饭

"我都不上学了，还吃什么饭。"这是一个大约有半年没上学的孩子跟我说的话。

我于是问她："那你不吃饭不饿吗？"她可怜巴巴地回答："肯定饿啊，饿得实在受不了，就吃一点饭。"

她每天几乎都只吃一顿饭，过着苦行僧一般的生活，似乎为着内心的某种信仰。为了少吃饭，她会尽量少动，大部分时间都躺着或坐着。十几岁的孩子，变得像暮年般老气横秋。我问她："是你爸妈不让你吃饭吗？"她坚定地摇头："没有，他们都上班，根本没人管我。"我还是表示难以理解："为了什么呢？又没人不准你吃饭。"

她理直气壮地说："别人都在上学，我不上学，每天在家吃了睡，睡了吃，**像猪一样，一点价值都没有，我吃饭就是浪费粮食。**"她似乎感觉到，这样说还不够准确，又接着补充说："我觉得自己呼吸都是在浪费空气。"

我无奈地望着她。她的想法，应该代表了很多学习没动力甚至厌学孩子的心理。他们觉得自己有罪，需要接受惩罚，却没有力气振作起来，改变现状。

🌿 愧疚感带来的自我攻击

这个孩子为什么这么做呢？是因为不上学带来的羞耻感和愧

疚感。表面看起来，她每天过得轻松又愉快，睡到几点没人管，起来之后就是玩玩手机，看看电视，发发呆。这简直是很多孩子的理想生活，然而她过得一点也不轻松，内心充满了纠结和冲突，不断在内心攻击自己，骂自己骂得比谁都狠。在他们眼中：**不上学，是一种羞耻**。具体羞耻什么，他们也说不上来，只是觉得其他同学都上学，就自己天天待在家里，就是丢脸。

大部分孩子休学在家的时间，几乎从不出门，或者只是晚上出门。另一方面，看到父母为自己上学的事情着急得寝食难安，甚至处于崩溃的边缘，自己却又无能为力。

做出改变，突破自己？孩子又焦虑、害怕，不敢迈出第一步。待在原地虚度光阴，又担心未来，纠结前途。怎么做都不对，怎么选择都矛盾，最终还是停在原地，止步不前。唯一能做的就是，**以一些方式，来缓解自己的愧疚感**。例如，像这个孩子"不吃饭"，有些孩子甚至会选择"自残"。这是一个很傻很笨，没有任何实际意义的自我惩罚方式，却是他们能找到的唯一能暂时缓解情绪，获得自我安慰的方式。

🌿 沉重的"无价值感"

作为一个未成年的孩子，似乎唯一的价值便是上学，取得好成绩。一旦不去学校，或者成绩掉下来，迷茫和自我怀疑立即席卷而来。**大部分孩子，在生活上的技能几乎为零，根本无法通过为家庭做贡献，来实现自身的价值。**

做家务吗？不仅不会，还感觉麻烦，而且认为那都是父母的活，我干吗要干？打工挣钱又辛苦，工资又低，跟自己的理想生活出入太大。不仅不能为家庭做贡献，每天还要向父母要钱，给父母添堵，自己还有什么价值？头脑中反复出现的，都是自己一无是处的证据，一桩桩，一件件，找不到任何反驳的理由。

这种无价值感会像一座大山压在孩子身上，**孩子在不断的自我否定中，被压得动弹不得**。也就是我们熟知的：做什么都没有动力。

🍀 过多负面情绪，让孩子寸步难行

有几个不上学的孩子是开心的呢？至少我见过的不多。大部分孩子虽然看起来啥事也不干，内心却经历着煎熬和挣扎，负面情绪在心中堆积如山。

我们总是有一个疑问，既然孩子知道自己应该上学，也想去上学，那么为什么他们不能去学校呢？想取得好成绩，那就去努力，专注于学习呀，为什么他们不行动起来呢？

想做就去做有那么难吗？说实话，对孩子来说还真有这么难。换句话说，难的不是行动本身，难的是突破自我，克服恐惧感和自己固有的思维模式。而压在内心中的那些负面情绪，就像手铐脚镣一般，卡在孩子身上，让他们更加寸步难行。过多的负面情绪，**消耗了他们大多数能量，让他们对一切都无能为力**。

要取得突破，首先要跳出负面情绪的怪圈。家长工作的方向，也应该是让孩子减轻负罪感，少一些自责，而不是继续给孩子施

压，让孩子羞愧得没脸见人。同时，父母也要注意减轻自己的负罪感，不因孩子上学的事情过度指责自己，大家都轻装上阵，才能找到解决问题的出路。

我们在后文会提供一些方法，孩子和父母可以共同实践，互相鼓励，互相打气，争取取得突破。

❦ "消除内疚"的方法

（1）父母减少人为"制造"愧疚

内疚教育是很多家长都习惯运用的方式，通过诉苦、指责，通过强调父母的付出，来迫使孩子屈服，按照父母的意愿行事。大多时候，这种方法的效果是还不错的，出于愧疚，孩子会做出一定的妥协或让步。

只是凡事都讲个度，若是孩子本身愧疚感已经很强，大部分时候处于羞愧不已的状态，父母再加把火，把愧疚燃烧得更旺，孩子必然会不堪重负，就如我们前文提到的例子一样。

此时，父母需要做的是降低孩子的内疚感，多一些宽慰，淡化问题的后果。上学遇到挫折、打击没关系；学习没动力，想办法找到动力就行；觉得让父母失望了，很正常，父母也是人，自然会有失望的时候。把孩子从内疚的泥潭里拉出来，情况才可能有转机。

（2）记录内疚想法

消除孩子的愧疚感，可以让孩子学会记下导致内疚发生的事件。将内疚思维转化为写在纸张上的文字，有利于孩子恢复理性，客观看待问题，进行理智的分析。

举例：我厌学了，上不了学

内疚：我真是垃圾，我愧对老师，对不起父母，我活着就是拖累别人。

反驳自己的想法：只是自责内耗没用，我还是要尝试找到自己厌学的原因，想办法改变现状。

像这样，反复多次，只要一出现内疚想法，就提醒自己记录、分析、反驳，时间一长，内疚情绪就会有明显改善。

(3) 多肯定、认可孩子

家长要学会对孩子的想法和说法给予肯定、认可，鼓励孩子积极尝试。特别是陷入挫败、自责状态的孩子，更需要得到父母的肯定，进而提升他们的内心力量。父母切忌过度说教，在孩子听不进时不说。一味地说教，只会让孩子误会父母，感觉是在批评、指责自己。

方法如下：不管孩子说什么，父母都可以想办法赞成或者支持。就算找不到支持点，也要坚持不反驳，不扫兴。

父母需要控制住教育、引导孩子的冲动，在与孩子的互动中积极寻找合适的时机，见缝插针地表达肯定。要知道，颓废在家的孩子，除了父母，也没有其他人能够认可他们了。

当孩子感觉自己在父母眼中还是有价值的，内疚感、自责感就会相应减轻。

(4) 帮助孩子，从小事行动起来

当孩子陷入愧疚泥潭的时候，是很难靠自己的行动改变现状的，这时候就需要父母的支持和督促。从最小的，孩子能接受、能做的，最容易的事情开始行动。

我们很多时候会误会一件事：学习这件事，一定要孩子某一天想通了，就会动力十足地去做，并且效果良好。实际上这是一种不符合客观规律的幻想。这是把学习这件事分割成"不学"和"忘我地学"这两个片面的、对立的面，不在一端待着，就一定会到达另一端。

如果没有达成高效学习这个目标，那么做什么都没有意义，既然如此，那就干脆什么都不做，坐等"开悟"这一天的到来。日复一日，孩子就会在焦躁和压抑地等待中将时间晃过去了。

我更愿意将学习这件事比作爬山，山顶就是"成功上学"，但孩子不可能在某一天醒来就瞬间登顶。跳出焦虑、自责、愧疚的情绪圈，去做力所能及的事情，就是在向上爬，在为登顶积聚力量。

一个人，**无论成人还是孩子，都只有在做事的过程中，才能收获价值感和成就感**。混吃等死，表面看起来轻松，实际内心在不断地鄙视自己，这比什么都煎熬。行动起来，哪怕是帮家长洗个菜，拖个地，哪怕是在家里穿穿校服，跟同学简单联系一下，这些行为也都是在爬山。最后能否登顶，什么时候登顶，我们没办法保证，但至少在行动的过程中，孩子会觉得自己是有价值的，内心是有力量的，那么，未来就有希望。

急孩子所急，孩子就容易逃避

在督促孩子学习这件事情上，父母一直是最上心、最积极的那一个，很多时候甚至比当事人还着急，还用心。

这是一个非常奇怪的现象：学习明明是孩子自己的事情，父母却总是跑在前面。要是有"代替孩子学习"的途径，估计很多家长都会乐意参与，省得催孩子催得肺都快气炸了。可惜，学习这事儿，还是得孩子自己动手。

于是，就出现了冲突的画面：父母非常操心孩子的学习，孩子一有风吹草动，就吃不下饭，睡不着觉。但是孩子呢？至少表面看不出任何着急，一副"死猪不怕开水烫"的样子。父母就纳闷了：孩子怎么不急呢？其实核心就在于父母的"急"，为孩子创造了逃避的机会和条件。

🌿 家庭是个团队

这常常是我们忽略的一个基础信息。两个人以上的组合，就可以称为团队，家长当然也是团队的一分子。既然是团队，就涉及分工、合作和领导，角色分配得当等。每个人各司其职，便会事半功倍，效率奇高。

反之，只要有一两个人偷懒，或者干脆躺着睡大觉，剩下的人就自然会忙到晕头转向。反过来也是一样的，有一两个人太勤劳，把别人的事都干了，其他人自然就能安然睡大觉了。

很多父母都疑惑：为什么自己付出那么大的代价和牺牲，孩子却丝毫的不领情呢？为什么自己每天都陪着孩子学习，孩子却消极怠工？

问题可能正是出在父母太认真上。假定一个家庭中需要完成的工作是固定的，家庭成员组成了一个团队，原本孩子分到的工作占80%，父母各占10%，大家需要在规定的时间里完成任务，然后开始计时。

爸妈都是勤奋和积极的人，眼里容不得有没完成的事情，于是早早给孩子做好饭，准备好学习用具、学习资料，切好水果，倒好水，开好空调……一切准备就绪，就等着孩子入座和学习。

结果呢？孩子这个"队友"要么抱着手机不放，要么看着电视不动弹，要么就是一顿饭吃一个小时。照道理说，爸妈的事情已经干完了，孩子愿意几点干自己的活，是他自己的事情，爱怎样怎样。问题在于，这个任务的计分规则是团体计分，有人没完成任务，整个团队都会遭殃：孩子完不成作业，老师会找家长；孩子成绩不好，家长会没面子。

于是，勤劳的爸妈开始积极催促，反复叫，反复催，就差直接上手把孩子的任务接过来做了。孩子被催得不舒服了，注意力就完全从原本的任务上离开，集中精力对付爸妈："我知道啦，催催催，烦不烦！"如果叛逆的劲头上来：你越要我写，我偏不写！

反正最后受惩罚的，承担后果的又不是我一个，爱怎样怎样。

一个消极怠工的"孩子",就这么被训练出来了。

🍀 着急你就输了

谈判学中,人与人之间博弈时,有一句话是:谁急谁就输,谁急就是谁的事儿。当孩子和父母在一起的时候,如果父母非常着急,父母就一定是输家,父母就会受制于孩子。

比如,当你去买东西的时候,看完一个东西非常喜欢,兴奋异常。这没什么问题,人都有自己的喜好。但若这些激动和兴奋立即呈现在脸上,最后谈判价格的时候,你就会受制于人。讲过价的,估计都有这样的切身体会,老板都是察言观色的高手,眼见你喜欢,那自然就是"千金难买心头好",价格没得商量了。

你太喜欢,太想要了,还价的时候,就难免会底气不足,生怕还低了,老板不卖了,又怕还高了自己吃亏,压力都扛到了自己身上。老板呢,大可以摆起姿态来,根据你的表现,见招拆招,主动权都在他。可别小看这个还价的过程,这大概是我们普通人能接触到的最常见的谈判了。谈起对"博弈论"的掌握,大概没几个人能超过老板了。

亲子互动也是同理:**谁急,谁紧张,谁就失去博弈的优势**。对方知道你想要什么,可以给,也可以不给,甚至跟你玩起斗智斗勇的游戏,也不是没可能。

🍀 父母怎么总是要逼我

你说学习是我的事,那你那么着急干吗,总是催我干吗?是不是父母一下子就被问住了！父母总是在前面拉着孩子走，孩子自然就忘记要自己走路了。

不知道家长们有没有发现，很多孩子坚定地相信：父母是在逼我学习，我很惨。孩子在潜意识当中，把学习的"重任"潜移默化地放到了家长的身上。家长的事，为啥要我去做，这不是逼我是什么？孩子一旦建立了这样的认知，就会把全部精力用在对抗父母的"逼迫"上。在这方面，孩子们总有数不清的新招，"专治"父母。原本家庭应该是一个团队，通力合作，如今孩子却把父母放到了对立面，潜心研究对付之术。

孩子的办法包括但不限于以下几种。

方法一：开空头支票，能拖就拖。

叫我学习？好，好，好，我知道了。接下来，就没动静了。叫我起床？先答应着，然后接着睡。叫我做作业？把作业摆上桌，该吃东西吃东西，该玩游戏玩游戏。

任凭父母催破喉咙，反正就是不想动。把父母气得七窍生烟，孩子心里会有一种说不清的成就感。

方法二：大吵大闹，直接对抗。

父母一催就发脾气，甚至一提学习，就爆炸给他们看。孩子这么应对，是在主打一个弄得家里鸡犬不宁才罢休。家庭战争挑起来了，谁还记得学习这件事。

久而久之，父母不敢催了，甚至不敢提了，孩子的目的就达到了。

方法三：演戏，假装学习。

每个班级里，都有很多假装努力学习的孩子。表面看起来他们学习比谁都用功，实际效果却微乎其微。这种行为的核心就在于，他们的努力是表演给其他人看的，尤其是父母。

比如，孩子边努力边示意：看到了吧，我按照你们的要求做了，用功了，花时间了，该做的都做了，你们总没什么可指责的了吧？成人在工作中，也总有磨洋工，假装积极工作的人，这些人所做的一切，都不是为了工作本身，而是为了给领导看的。

父母那里有交代了，孩子的任务也就完成了。

🌿 做减轻自己痛苦的事，才会有动力

心理学上有一个原则，叫作"谁痛苦谁改变"。打个比方，亲子关系中，因为孩子没动力，学习颓废，父母着急得不得了，吃不下饭，睡不着觉，天天又是督促，又是责骂，希望让孩子行动起来。实在不行了，父母想到让孩子做心理咨询，结果孩子根本不配合："我没问题，我觉得自己挺好的。"更绝的是，有些孩子会说："我觉得爸妈才需要咨询，他们整天焦虑的都要崩溃了。"

孩子为什么没有改变的动力，很简单，他不痛苦，他觉得日子一天天过得太惬意了：睡到自然醒，看看手机，玩玩游戏，聊聊天。还有比这更舒服的生活吗？这比之前在学校累死累活好多了。至于未来，只要不去想，就跟我无关。

父母为什么痛苦呢？因为父母看得更长远，想得更深入，知道这样的日子无法长久。父母害怕孩子将来会啃老，自暴自弃，一辈子就这么荒废下去。

孩子就算理解父母，对于减轻父母痛苦的积极性，也没有比减轻他们自己痛苦的积极性高，这是人性本能。

拿个例子类比：针对一只不爱吃辣椒的猫，我们怎么让猫喜欢上吃辣椒呢？

方法一：硬要它吃？灌下去？那么它也知道吐出来，下次看到红色的东西就逃开。

方法二：放在它喜欢吃的猫粮里，混合着吃下去？很饿的时候，猫可能会狼吞虎咽地吃几口，但很可能下次连这种猫粮它都不吃了。

方法三：把辣椒涂在猫咪的屁股上，等它自己解决问题。辣椒的刺痛灼烧着猫的屁股，出于本能，它会怎么做呢？用舌头去舔屁股，以此来减轻自己的痛苦。反复多次，猫舌头渐渐适应了辣椒刺激的感觉，说不定真可能像人一样，喜欢上辣椒的刺激味道呢。

换到人身上也是类似道理，**要让当事人先痛苦起来，他才可能去做减轻痛苦的行动，进而达到人们期望的改变。**

孩子学习的动力之所以调动不起来，很多时候是因为家长太急，太焦虑，不舒服的是家长。孩子呢？反正有人帮自己操心，自己乐得自在。就算有不舒服，那也是父母太烦，总是催促造成的。长此以往，孩子只会集中力量去解决"父母烦，父母催"这件事，对学习本身，反而是能躲就躲。

人之常情，谁都愿意做减少自身痛苦的事情。积极努力地学习，去解决学习本身的一系列问题，这些不过是为了让父母不焦虑，让父母更舒服，对于孩子来说，当然没有什么动力。辣椒又不是在自己身上，猫咪肯定也不会那么卖力地去帮忙舔了。或者舔一两下，发现"辣""难受"，就走开了，反正辣的不是自己。

说一千道一万，要把不学习这件事的"不舒服"还给孩子，让孩子急起来，急了他们才能动起来。

最无私的照顾，养育长不大的"小宝贝"

当孩子在学校遭遇挫折，学习动力减退，或者渐渐厌学之后，父母很快便会发现，孩子好像"逆生长"了，变小了：去哪里都要家长陪，什么事都不敢自己拿主意，一言不合就大哭大闹，像个小宝贝。

原本上了初中，哪都能自己去，完全能自己睡觉的孩子，变得一刻都离不开父母，一天无数个电话打不停。一会不见爸妈，就大吵大闹，甚至会像小孩子一般在家里打滚、大哭，做着完全跟年龄不符的事情。

这时候我们就要警惕，孩子是不是退行，倒回到"小宝贝"的阶段了。

什么是退行

退行是指人们在受到挫折或面临焦虑、应激等状态时，放弃已经学到的比较成熟的适应技巧或方式，而退行到使用早期生活阶段的某种行为方式，**以原始、幼稚的方法来应付当前情景，来降低自己的焦虑**。

打个简单的比方，原本我们都会落落大方、抬头挺胸地走路。结果走着走着，前面来了只大老虎，我们来不及思考，便会自然地变成孩子般连滚带爬地逃开。

退行是潜意识的、不被大脑觉察的过程。这种现象可不是孩子的专利，各个年龄阶段均可看到。

例如，有一个5岁的孩子，本来已经学会了自己大小便，后来突然开始尿裤、尿床。经过仔细分析，才了解到这家新添了一个婴儿，妈妈把全部精力放到照顾这个小弟弟身上，整天"端屎端尿"，无暇顾及这个"不惹麻烦""能自己照顾自己"的"乖哥哥"。

这个男孩儿发觉自己不能像从前一样获得父母的照顾，便会倒退回婴儿的状态，以此获得妈妈的更多关注。成年人在面对巨大的挫折和打击时，也可能出现退行的状态。例如，在亲人离世后，沉浸在悲痛中，变得生活无法自理，吃饭、睡觉都要人照顾。

换句话说，退行是一种很常见的心理"逆生长"现象。

❋ 挫折与退行

退行问题的发生，大多时候都跟在学校面临挫折和打击有关。一般而言，原因主要有以下几类。

（1）**人际关系问题**

在学校很难交到朋友，无法融入班级，因此感到落寞和孤独。也可能因为原本关系较好的同学，发生矛盾和冲突，关系闹僵，一时不知道怎么面对。还有的是因为跟同学没有共同话题，自觉在学校被边缘化，由此心生畏惧。

（2）**成绩落差**

为什么说初中是厌学高峰期？一个重要原因是从小学到初中

的过渡，很容易产生成绩落差。小学成绩优异的孩子，到初中后学习压力增大，科目变多，应付起来会感觉越来越力不从心。

有的孩子从原本优秀的、众星捧月的位置，滑落到默默无闻的位置，巨大的落差，让孩子一时难以接受。

（3）在学校遭遇各类打击

这些打击诸如：学习很努力，但成绩一直没有进步；很用心地希望给老师和同学留下好印象，却还是被人讨厌；很想把所有的事情都做好，但自己焦虑太多，总是瞻前顾后，不敢行动，结果把很多事情都弄得一团糟。一两次失败还好，连续的失败和挫折，会彻底击垮孩子应对的信心，最终陷入无尽的自我怀疑中。

在出现上述情况的时候，孩子都需要家长的支持和安慰，需要家庭的接纳和承载，这是没有错的。但家长们也需要提醒自己：不要做得过多，做得太周到，把孩子那份工作都帮他一起做了。

在合适的时候，父母也可以尝试跟孩子一起去面对问题，分析问题，最终找到解决问题的方法。

❧ 退行的本质是回避成长

退行的本质是回避成长。为什么这么说呢？按照孩子的成长规律，一般是"家庭—学校—社会"，一级级往上走，一步步离开家庭。有些孩子，便是在从家庭到学校这一环节里卡住了，甚至后退了。

有些孩子会幻想跳过学校这一环，直接从家庭进入到社会。例如，初中没毕业，就尝试去打工挣钱，自己养活自己。在以前物资匮乏的年代，这样做是可行的。但是在当今社会，这样做很难。

很少有孩子吃得了社会的苦，同时他们又受不了学校的挫折，只能是心不甘情不愿地退回到家庭中。回到家庭里，孩子们在心理和行为上也难以匹配自己的年龄，理性地安排自己的生活，更多的是日夜颠倒打游戏，玩手机，沉迷于短暂的快乐中。

小学之前的孩子，整天关注的主要是怎么开心，怎么玩。上小学之后，一般会有自己的目标，有了任务和规则意识。进入初中的孩子，如果**只想拥有短暂的快乐，当然是一种明显的退行**。

成长是有代价的，甚至是痛苦的。逃回家里是一种典型的回避成长的退行，永远躲在父母的羽翼之下，当然轻松得多。父母要以敏锐的眼光，识别这样的信号，而不是"变本加厉"地关照孩子，迎接孩子"回归"家庭。这样做看似是关心孩子，实则是变相鼓励孩子的"退行"。

❦ 永久性的退行

前文我们也提到过，短暂的退行并不可怕，并且每个人一生都会多次发生。有问题的是永久性的退行：**放弃成长和发展，一直停留在小孩子阶段**。

儿童阶段是每个人都无比怀念的，整天无忧无虑，不用承担过多的责任，做什么事都可以随心所欲，幻想着整个世界都是自己的，当然快乐无比。一个高三的孩子，在高考前两个月，突然毫无征兆地放弃学习了，学校也不去，也不学习，整天闭门不出。

这种情况把家长急疯了："这眼看就要高考了，你这是怎么了？这不是自毁前途吗？"孩子自己倒是很淡定："我就是不想参加高考了，那不是我想要的生活。"

他满眼地期待告诉我："我最怀念的就是自己小学的时候，我想回到那个时候，一点都不想高考和上大学。"在他看来，跨过高考这道关，就意味着自己要真正变成一个成年人，要独立承担责任，要自己面对社会的风雨，要变得精通人情世故。每一样都令他厌恶和害怕，因此，他选择在高考前按下暂停键。似乎不用高考，他就不会长大一般。

他想倒退回家里，可能的话，他甚至想退行到小学时代。如果顺应他这种想法，继续给他精细的照顾，满足他所有的要求，这个孩子大概率就会"家里蹲"到底了。

换句话说，在家里待几个月，甚至长达一两年都没问题，可以理解为遭遇挫折之后的休整阶段，这是正常的，也是必要的。就像我们腿脚受伤了，需要住院治疗，需要回家修养一样，无可厚非。

我们要预防的是：**孩子习惯性地待在"退行"后的舒适区，享受"小宝贝"舒服状态的心理。**也就是说，腿已经好了，还要整天躺在床上，去哪里都要父母推着，那他可能这辈子都学不会走路了。

🌿 防止孩子"退行"的方法

按照惯例，这里提供几个建议，供家长们参考。

(1) 别让孩子在家里太"舒服"

千万不要把孩子在家里的生活,打造得如天堂般舒适。每天空调吹着,手机电脑玩着,父母哄着,生怕孩子不开心、不舒服。没有压力,没有竞争,不想做的事情都可以不做,不想见的人都可以不见,这样的生活太舒适。

换位思考一下,如果我们天天过着这样的生活,还会想要天天累死累活地打工挣钱,大冬天早早起床搬砖吗?

(2) 积极等待

什么孩子最容易陷入"永久性退行"。一般而言,如果家长也放弃对孩子的希望,认为孩子走不出去,做不到,接下来,家长最担心的现象就会发生:孩子一辈子待在家里,永远无法适应社会,也养活不了自己。

例如,坚信孩子是有情绪问题的病人,只能时时陪着、哄着,适应不了有压力的环境。又如,认为孩子厌学之后变了一个人,沟通不了,也听不了劝告,慢慢地就放弃对他的支持。又或者,家长慢慢习惯孩子在家里的生活,大家都越来越接受这样的状态,潜意识中觉得这样似乎也还行,日子也能过得下去。

一旦父母也掉入跟孩子同样的陷阱,再想改变孩子,就难上加难了。记住,你的孩子只是"退行"到了婴孩时期,他原本是能够通过思考去处理问题的大孩子。想想孩子"退行"前的能力,那才是真实的他。父母最需要做的是:相信孩子,积极等待。

（3）按照孩子的真实水平相处

不要被孩子退行后的幼稚、脆弱外表所欺骗，那并不是孩子的真实水平。比如，当孩子两三岁学说话的时候，如果我们一直用叠字跟他交流："吃饭饭""洗手手"，孩子的语言发育就会被延迟，一直习惯用婴幼儿的语言。

恰当的做法是当孩子能说句子之后，就鼓励他说句子。家长在日常生活中也以正常的语言表达跟孩子交流，这能够更有效地促进孩子的语言发育。

同样，如果我们以孩子退行的水平跟孩子相处，他们会更容易停留在这个阶段，无法向前发展。按一个大孩子的真实水平跟他们互动，更有机会带动他们成长。

（4）必要的期待

孩子需要父母对他有期待，这是父母不放弃他们，仍然相信他们的证明。但很多家长在孩子颓废的时候，不敢期待，不敢提要求，生怕给孩子压力。

于是，孩子们在家里就过上了如婴儿般舒适的生活：没有负担，没有压力，只负责花钱，不承担责任，也不想改变。反正父母对自己已经没有期待了，干脆就过一天算一天。

没有期待，就没有方向，也就没有成长的动力。父母对孩子要有必要的期待，当然期待也不宜过高。可以让孩子先从基本的自己照顾自己开始，从家庭当中的日常事务开始，让孩子找到自身的价值。

学习这个"课题",终归是孩子的

看到这个话题,家长们的第一反应是什么?

"我肯定知道学习是孩子自己的事,我也常常跟孩子这么说'学习是你自己的事情,你自己要用心,爸妈不可能帮你学。'可是没用啊,他不听啊。"或者说:"我就是觉得奇怪,孩子好像总觉得自己是为父母学的,是被爸妈逼着学的。我们还不是为了他将来考虑,学习好也是为了让他有个好未来。"

是不是很奇怪,学习到底是谁的事?这似乎是一个显而易见的问题,学习当然是孩子的事,这其实并不需要强调。这当中的关键点,就在于"知道"和"做到"之间的距离。

❧ 时代要求家长"课题分离"

我们传统的家庭模式,是高度融合的,你中有我,我中有你的,越亲密越好。

区分彼此,还要划分课题,自己负责自己的事情,那不是见外吗?我们害怕见外,这显得不够亲密,不像一家人。

很多家长,都是在这样的家庭氛围当中成长起来的,因此对于孩子的隐私、孩子的自主权、孩子自己的课题都没有概念。孩子的事就是父母的事,父母要操一百二十颗心,负百分之百的责任。因此,父母也就免不了会干涉孩子的选择,督促孩子去学习,甚至逼迫孩子做不愿意做的事情。家长侵入了孩子的"课题",自己却浑然不知。

现在很多孩子,他们更崇尚和关注自我、个性及私人空间,他们希望被尊重,希望有自主权,希望父母不要干涉自己的事,他们更像是觉醒的一代。只是稍加分析就会发现,目前两代人的分歧和冲突,是超过之前无数代的,超过过往的家庭教育方式,因此会受到巨大的挑战。

父母若是一意孤行,强行干涉孩子的课题,迎来的要么是反抗,导致无休止的家庭战争;要么是孩子过度依赖父母,总觉得"天塌下来有父母顶着",自己可以安心躺平,什么都不用管,什么都不用想。无论哪一种情况,自然都不是父母希望看到的结果。

🌿 亲子之间需要"课题"分离

"课题分离"这个概念,是著名心理学家阿德勒提出的。他认为,一切人际关系矛盾,都起因于对他人的课题妄加干涉,或者自己的课题被别人妄加干涉。

亲子关系是最亲近的人际关系之一,因此彼此的课题被互相干涉的可能性也是很大的。特别是父母作为家庭责任人,会不自觉地把孩子的课题也承担在身上,就好像是一直背着孩子赶路一般。家长这么做,自己累不说,孩子还会抱怨父母剥夺了他们自己走路的机会。家长觉得很委屈:"我管你,还不是为了你好。我这么累,还不是为了你!"孩子更气愤:"你一点都不尊重我,你就是想控制我!"

实际上，随着孩子年龄变化，父母也必须随之变化，课题分离的重要性也日渐凸显。孩子小的时候，自主意识弱，承担责任的能力也弱，在这个阶段，不要说他们不知道哪些是自己的课题，就算知道，也无法承担起相应的责任。所以在孩子成年前，我们也都默认父母需要承担孩子的大部分课题，真正做好"监护人"的角色。

打个比方，小学的孩子在学校打架，把同学打伤了，老师的第一反应是什么？对，是找家长。按道理说，打架的是孩子，打伤同学的也是孩子，家长有什么责任呢？问题就在于，孩子既没有钱，也不知道该怎么处理这种事，因此父母无论是自愿的还是被迫的，都需要站出来处理善后，把孩子的课题扛在身上。

日积月累，很多家长习惯在孩子出现状况，需要承担责任的情况下，自动挺身而出，尽心尽力地帮助孩子完成课题。一直到孩子上初中、上高中、上大学，甚至是工作和结婚后，每一步都深度卷入其中，心甘情愿地"越俎代庖"，自己却浑然不知。

🌸 课题分离需遵循"谁选择，谁负责"

那怎么判断到底是谁的课题呢？阿德勒认为，只需要考虑一下"某种选择带来的结果，最终要由谁来承担"就可以。简单来说就是：谁选择，谁负责。权利和义务对等，这很公平，权责也很清晰。

听起来很简单是不是？但实际操作起来却没有这么简单。课题分离的对象是人，不是机器，也不是我们小时候做的归类题。

人是复杂、多元的，而且是多变的。另一方面，生活中人跟人之间的牵绊，往往是错综复杂的，你中有我，我中有你，一旦过分强调边界，就会出现老话说的"见外了""生分了"的嫌疑。

尤其是父母、夫妻、亲子、恋人这类关系，在关系建立之初，就是以高度的亲密感为基础的，处理问题的时候不仅要考虑这个事本身该怎么样，还要顾虑对方的感受，这就麻烦多了。另外，因为生活在一个屋檐下，对方的感受也会直接影响到你。孩子不高兴了，在家里大吵大闹，爸妈自然也不得安生。所以要做到课题分离"谁选择，谁负责"，这对家长来说很难。

面对这种情况，有时候家长干脆就不区分了，不管谁的课题，都由家长一手抓，或者干脆让孩子说了算，孩子怎么高兴怎么来。这么勉勉强强地一天天过下来，表面看起来日子也能过，似乎也没有什么大问题。

只是家长忽略了，一个长时间不需要为自己的课题负责的孩子，会有动力争取自己想要的目标吗？随着孩子日渐长大，面对的问题越来越复杂，家长还有能力全权负责吗？

显然，一把抓的方式不长久，而且后患无穷。

🍀 学习这个课题，父母代替不了

父母们真的没有意识到，学习是孩子自己的事吗？现实中，在催促孩子学习时，相信不少父母都跟孩子说过这些话，比如"学习是给自己学，不是给我学""只有好好学习，考上好大学，将来才能过得更好，不然就只能一辈子吃苦。""学习是为你自己，不是为父母，你要记住。"

然而，问题就出在父母的言行不一致上。一边不停地跟孩子强调学习要靠他自己，学习是为自己，一边又马不停蹄地给孩子报补习班，找老师，寻后路。孩子上不了学，爸妈也跟着吃不下饭，睡不着觉，比自己丢了工作还痛苦。仔细推敲下来，会发现整个状况非常割裂，知道"不该管"，却又"放不下"。家长总是希望再推动一下，再劝一劝，再逼一逼，再哄一哄，这样孩子就会振作起来，像小时候一般，听话照做。

一旦有了这样的心理，父母们就会忍不住把学习这个课题揽在身上，想尽办法去处理，去推动，只是大部分时候都是以失望告终。面对屡屡挫败，父母有时候甚至产生放弃孩子，不管他的想法。

把孩子学习这个课题揽在自己身上，这个过程之所以费力不讨好，问题就在于没有把孩子的主动性调动起来。接受学习这个课题父母替代不了的现实，父母可以避免做很多无用功。

🌿 学习这个课题，只有"为了自己"才有动力

一个孩子曾经不止一次地跟我说："我真的觉得自己很不孝，妈妈为我付出太多，太辛苦了，我还不能好好上学，还一直让她操心。"说完，她停了下，又努力地表决心："我真的很想让妈妈轻松一点，开心一点。如果我能积极去上学，她就会轻松很多吧。"

这个家庭的爸爸在家里基本是个摆设，不但工作收入不高，

照顾孩子也不愿意上心。妈妈是个女强人，里里外外一把手，挣钱也很在行。

妈妈在小学时就送他上一年学费十几万元的私立学校，每天早上6点起床，开车一个小时送他去学校，然后再开车将近一个小时去上班。下班之后，再接他放学。回到家，还要辅导他学习，督促他改错题，查漏补缺。孩子说："我觉得我妈像超人一样，但我觉得她真的太累了。"

你看，孩子什么都明白：妈妈的苦，他全都看在眼里。所以，他也时常下决心："下周，我一定会努力去上学。"然而到了下周一，他就会焦虑、紧张地徘徊在学校门口，还是进不了校门。下周二、下周三也是如此。他每天都雷打不动地到学校门口，像打卡一样，但也仅仅能做到这样。到校门口，更多的是他给妈妈的一个交代：你看，我真的理解你的辛苦，我真的尽力了。

这很奇怪，对不对？但这又并不难理解，因为他愿意去承担学习这个课题，不是因为认同这是自己的责任，也不是因为认同这是自己的目标，而是因为妈妈为了自己上学的事太辛苦了。这就好比创业者和打工人的区别：创业者知道是给自己干，自然会全身心付出；打工人只需要告诉老板，我很努力，我很积极，我很勤奋。二者比较，动力上自然是相差十万八千里。这也是为什么老板们总是推出计件工资、绩效工资、股权分配等薪酬机制的原因，这样做也是为了把工作变成打工人自己的事。

上面说的这个孩子，最终正常、主动地回到了学校。之所以发生这样的转变，是因为经过反复折腾之后，他确定上学是他最合适的一条路,他害怕失去这个机会。此外,他也不想跟爸爸一样,人到中年之后还一事无成,在哪里都不受待见。

重新回校,他面临的挑战很大,学习跟不上,朋友交往也有诸多挑战。虽然回校后他也时常会沮丧,时常产生挫败感,但还是愿意寻找克服的办法,努力坚持下去。

在日常咨询中,我们接触过各类学习动力出现问题,甚至严重到厌学的孩子,即使父母使出劲浑身解数,但最终推动孩子发生改变的,还是孩子自己理解了学习是自己的事,是自己的课题。就算孩子只是为了自己的面子,为了将来能找份工作养活自己,只要是他自己找到的动力,都能行动起来,积极面对,进而解决问题。

减法 2 家长越做越错时，要会按下暂停键

警惕"灾难化思维"，其实孩子没那么糟

在亲子教育中，我们似乎很容易陷入一种"孩子怎么怎么样，太糟糕了，废了"的思维怪圈中。

"孩子整天就知道玩手机，将来还有什么希望，这辈子废了。""孩子学都上不了，还能做什么？还有什么希望？将来就是啃老族。""孩子自制力很差，做事总是拖拖拉拉，将来工作怎么办？这个样子能做好什么？"

听起来，似乎天要塌下来一般。出现这种现象，当然有家长对孩子的"关心则乱"的原因；另一方面，也有"灾难化思维"的惯性在作祟。

什么是"灾难化思维"

如果你曾有过持续性的"思维失控"，脑海中循环上演糟糕的结果和可怕的情境，这种经历能帮助你更好地理解什么是"灾难化思维"。我们在恐慌时，倾向于认为事情会向最坏处发展，因而

陷入巨大的恐惧情绪中，难以理性分析。"灾难化思维"对灾难化的预想信以为真，从而陷入自己吓自己和焦虑不安的怪圈。

"灾难化思维"会让我们放大消极思维并夸大威胁，造成与现实不相符的过度担忧。如果我们持续性地夸大事件的威胁，并不断低估自身应对威胁的能力和可以调动的资源，就容易过度焦虑，整日惶惶不安。

用一个简单的公式，可以帮助我们更好地理解"灾难化思维"：**灾难化思维＝过分夸大事件威胁＋低估自己应对困难的能力**。也就是说，我们会自动化地认为问题后果很严重，而我们什么都做不了，只能眼睁睁地看着"灾难"发生。

❋ "灾难化思维"形成原因

如前文所说，形成灾难化思维的原因主要在于，过高估计消极后果发生的可能性，同时过低估计自己应对消极后果的能力。稍微理性分析一下，就会发现这种"评估"完全站不住脚。现实生活中，"孩子只要玩手机，就废了"，这种可能性有多大呢？孩子想请假，就是厌学，再也不想回校上学的可能性有多大呢？孩子只要一次考试成绩不好，成绩就会一直下降，直到无可救药的地步，这种可能性有多大呢？

退一万步来说，**即使最糟糕的情况真的发生，你一定没有能力解决吗**？人们总是在经历各种各样的困难和难关。有些时候，人的生命力以及应对困难的能力，常常超出我们的预期。

在我们认识的人里，有人战胜了癌症，有人克服了养育子女的难题；有的孩子经历过抑郁症，最终还是站了起来，甚至考上了不错的大学；也有的孩子在厌学半年、一年之后，重新回归校园。

当然，这些经历确实很磨人，让人感到无助或厌烦，但是在现实生活中，你无法克服这些困难的可能性有多大呢？当我们审视这些恐惧之后，就会发现常常都是"灾难化思维"在作祟。如果能克服并扭转错误思维，用符合现实的方式思考问题，焦虑水平就会大大降低。

恢复理智之后，我们或许会发现，其实很多事情真的是"柳暗花明又一村"。

🍁 陷入"灾难化思维"而不自知

每个人都有自己的思维惯性，这种思维模式跟了我们一辈子，我们对它太熟悉，甚至达到了自动化的程度。就像工厂流水线上的产品，飞速地生产出来，每一个都一模一样，不仔细琢磨，我们根本无法发现其中的问题。

在亲子教育中，家长们常会陷入一种灾难化而不自知的境况，只觉得焦虑，害怕得快要疯了，大脑中一直飘荡着"孩子完了""孩子废了""孩子没救了"这几个字，根本没办法自我反思。

下面举几个例子展开说说。

一个妈妈曾经跟我说："我孩子玩手机上瘾了怎么办？我看他这样玩手机，担心得不得了，晚上觉都睡不着，说他他又不听，我真是要崩溃了！"

细问之下，才发现妈妈所谓的"孩子玩手机上瘾"，只是周末的时候，孩子连续玩了三四个小时手机，其他事情都没干。平时孩子该上学上学，该做作业做作业，成绩在班上还处于中上水平，那么"玩手机上瘾"这一说，又从何谈起呢？但是这位妈妈坚信自己的判断，以至于晚上睡眠都受到了影响。

之前还碰到过一个很有意思的家长提问："我女儿总跟我说她领导的坏话，她思想这么负面，这么扭曲，到时候工作没了，现在找工作又这么难，可怎么办呀？我真是担心得不得了。工作没了，她拿什么养活自己呢？"家长话还没说完，估计已经在大脑中幻想孩子失业之后的悲惨景象了。

好好工作的女儿，怎么能突然就失业了呢？就因为她在老妈面前说了领导几句坏话？下面我们梳理一下这个妈妈的思维怪圈：跟妈妈说领导坏话＝女儿会到处说领导坏话＝女儿不喜欢领导＝女儿会辞职或者被辞退＝失业没办法养活自己。这一套逻辑推算下来，等式当中的每一个环节，都不知道被叠加了多少倍，这位提问的妈妈却毫无觉察。其实，孩子可能就是下班回来跟老妈吐吐槽，想求个安慰，毕竟打工人不容易。吐槽完了，该上班还去上班，该受气还是受气。孩子都是成年人了，说话办事自然有自己的分寸。

凡此种种，家长平常可**多一些审视并觉察自己的"灾难化思维"，这样能够帮助自己稳定情绪，实事求是地看待、处理问题**。

🍃 "灾难化思维"的影响

灾难化思维，简单理解就是"对未来可能发生的事件过度地、非理性地担忧"。当然，这不是一种一无是处的思维方式。我们坚信，凡事考虑到最坏的情况，才会在事情真正变差时，**最大限度地避免伤害，这是一种自我防御方式**。

习惯"未雨绸缪"，是一种生存选择。但是，过度谨慎也可能会错过体验生活中新的可能。当然，凡事考虑到最坏的情况，能让我们面对变化时更踏实，更安心。但当我们将这种思维方式运用到孩子身上的时候，可能会引发意想不到的"副作用"。

(1) 忍不住过度管孩子，甚至控制孩子

孩子稍有出格的举动，便会触发我们的神经，不受控地联想到种种不好的结果，进而陷入焦虑和忐忑中。

这种感觉是让我们抓狂的，当然会忍不住去劝告、教训孩子，直到孩子改正为止。

(2) 传递出对孩子的不信任

总是想到最差的情况，觉得孩子什么都做不好，随时会出问题。换位思考一下，孩子的感觉会如何呢？

自然会觉得父母不信任自己，觉得自己什么都做不好。

(3) 焦虑会相互传染

"灾难化思维"引发焦虑，这几乎是必然的。家长总是觉得天就要塌下来了，孩子的未来完了，孩子废了。在这种情况下，孩子很难不跟着夸大现实的糟糕程度，焦虑自己的未来。

双方都处在焦虑的情况之下，发生矛盾、争吵是在所难免的。把原来简单的事情弄得更糟糕，更复杂，双方都精疲力竭，结果问题还在那里，根本没有得到处理。

（4）放大孩子的缺点

经常听家长说："我怎么觉得孩子全是缺点，一个优点都没有？"我于是让家长们详细列举一下孩子究竟有哪些缺点，结果一般不会超过5条。

大部分都是诸如做事拖拉，自制力不足，老是玩手机，独立性比较差，等等。家长之所以会形成"孩子全身都是缺点"的印象，就是因为"灾难化思维"，让我们觉得孩子每一个缺点都是致命的。

做事拖拉，以后工作怎么办，能干好什么；天天想着玩手机，不思进取，以后怎么能发展得好，这辈子就废了；独立性那么差，将来怎么能自己照顾好自己。致命的缺点有一条就不得了，孩子竟然有这么多个，还不是一无是处吗？

所谓"一叶障目"，我们完全没有意识到，自己一直在自己设置的思维陷阱里不停地打转，自己吓自己。

🌸 "灾难化思维"的调整方法

"灾难化思维"也是思维，我们要转变和调整时，当然也要从思维入手。我们可以用提问的方式，不断觉察和调整自己的思维方式。

(1) 厘清"灾难化思维"的结果

主要明确两个问题：

你最担心的是什么？

最糟糕的结果是什么？

我们以家长们最担心的孩子厌学的例子来说明。

问：你担心的是什么？

答：孩子已经一个月没去学校了，他要是一直不去上学怎么办？他这辈子不就毁了吗？

问：最糟糕的结果是什么？

答：孩子可能断断续续地上学，或者真的从此不上学。放弃升学考试这条路，就要寻找其他的人生出路。

(2) 质疑每个问题的真实性或可能性

要学会跟自己的思维对话，并且质疑自己判断的真实性。不要被自己的"灾难化思维"牵着走，变得越来越焦虑、慌乱，病急乱投医。可以在大脑中尝试问自己以下几个问题，或者直接写出来，让自己回答。

最好和最坏的结果是什么？

最好的结果：一段时间之后，通过各方努力，孩子再次回到学校，顺利上学。

最坏的结果：孩子放弃上学，陷入颓废中，甚至选择啃老。

最有可能的结果是什么？

通过各方努力，孩子情绪和精神状态得到改善，即使没办法完全正常上学，也会尝试寻找适合自己的生活。或者选择学习压力没那么大的学校，降低自己对学习的期待。

有什么证据支持最坏的结果？

身边有的人不上学也不工作，就天天在家里待着。新闻里也时常有啃老的报道。

有什么证据可以反驳最坏的结果？

自己的孩子不是那种破罐子破摔，能接受自己躺在家里啃老的人，他还是有追求的。我们家长也一直没有放弃孩子，一直在想办法帮助他。

（3）由"灾难化思维"转为理性思考

审视"灾难化思维"的影响：这种灾难化的思维对你有利还是有害？当然是有百害而无一利。

家长焦虑不安，不停地催促孩子，会导致孩子对抗家长，更不愿意上学。另一方面，影响孩子的情绪，会加重孩子的焦虑和内耗，增加孩子的精神负担。双方都背着这么重的精神负担，哪里还有精力去真正解决问题呢？

如果家长将消极思维改变成积极思维，会发生什么变化？如果家长真正相信孩子，亲子关系自然会改善，孩子也会感觉到家长是跟他站在一条战线上的。全家人可以有商有量地共同面对问题，这样事情可能看起来就没那么糟了。这样家长才能够镇定下来，真正集中精力思考如何解决当下的困局。

如此一套流程走下来，是不是能真的发现事情没那么糟糕，孩子没那么不可救药了？如果我们持续陷入"思维失控"，脑海中循环上演糟糕的结果和可怕的情境，可以采用上文采用的方法提问自己，并尝试回答，直到思维恢复到相对理性的状态。

反复训练，慢慢就会发现"灾难化思维"的倾向改善了，自己理性多了。孩子的教育问题，也就没那么无助了。

病急乱投医：做多，错多

曾经接诊过一对厌学孩子的家长，带给我很大的触动。

🌿 一对特别的父母

约定的时间快到的时候，一对父母手拉着手，走进了我的工作室。我伸长脖子往后瞧了瞧，没再发现其他人。也就是说，孩子爽约没来。

这对爸爸妈妈倒是很坦然，没有因此取消预约，也没有对孩子临时不愿来表现出过多的抱怨，仿佛这都是预料中的事。但夫妻二人都愁眉紧锁，话音低落，无奈地叹着气。我的情绪也瞬间被感染，忍不住要跟着叹息。孩子不愿意配合，甚至完全不愿意见医生，也就意味着问题解决的难度会成倍增加。

这几年见过很多为了孩子厌学而心急如焚、焦虑得快要发疯的家长，自觉有了些许免疫力。反而是这对夫妻那压抑的不动声色的低落状态，让我不能不动容。

他们的孩子不仅不上学，而且几乎不出门，不跟他们有任何交流，甚至不愿跟父母同桌吃饭。而且这一切都发生得非常突然，头一天晚上孩子通知父母他不想上学，第二天便死活都不去学校，说什么都没用。孩子拒绝沟通，也不愿跟任何人表达内心想法，不愿寻求帮助。

孩子在自己身边筑起铜墙铁壁，让一切努力都徒劳。

"摇人"帮忙

从孩子不愿上学的第二天开始,父母便踏上了漫漫求助道路,积极寻找问题的解决办法。找老师了解相关情况,推测、分析孩子突然变化的原因。反思自己跟孩子互动沟通中可能存在的问题,积极总结经验和教训。

寻找专业的帮助和意见,孩子不愿去,就夫妻俩去问诊,努力寻找方法。动员孩子身边的朋友和亲人,想办法跟孩子保持联系,表达关心。动员亲戚中有分量的长辈轮流劝说,不停地给孩子做思想工作,告诉孩子这样下去不行。妈妈时不时地在孩子房间门口又哭又劝,拼命求孩子出来。

说实话,听到这对父母做的这一切时,我无比动容,既为他们积极的行动力,也为这份帮孩子无怨无悔的心。

回想起我常跟孩子感叹的一句话:"**遇到困难的时候,唯一不会放弃你的,大概率就是你的父母**。"厌学孩子的父母,大部分都承受着比孩子本身更大的压力。

然而,继续听这对父母说下去,却发现不太对劲。孩子的状况,在父母这些"努力"之下,却是越来越糟糕:一开始还会在吃饭的时候出来,虽然不愿意在餐桌吃饭,但也会在吃饭的时候在客厅坐一会。刚开始,各位长辈来的时候,孩子还会礼貌地开门,请他们进房间,听他们唾沫横飞地劝导,虽然回应只有简单的"嗯嗯"。还有一位跟孩子关系很好的表哥,孩子也愿意在手机上跟他聊天,诉说自己的苦闷,沟通也很顺畅和正常。

在父母的多方周旋之下,一个月过去,孩子却几乎完全不出门了,不管谁来,都通通不给面子,甚至把表哥也拉黑了。对爸妈更是表现出抗拒甚至敌对的态度,只要父母在,他坚决不出房门。吃饭也是随便应付,每天日夜颠倒,过得昏天暗地的。

也就是说,**父母"很努力"**,想了各种办法,结果不但没有效果,**还起了反作用**,孩子的状况反而更糟了。

🍀 父母的执着和焦虑

整个交谈过程中,妈妈很多时候都低着头,应该是在听我们的讨论,又似乎什么都听不进去。有时候她抬起头来,没说两句话,眼泪就在眼眶里打转,接着便哽咽着低下头去,再也说不出话。

她反复重复着一句话:"这样不出门,不上学,以后怎么办呢?人不是废了吗?"我尝试跟她分析孩子出现问题的可能原因,她偶尔点点头,好像在听。

转过头,又自言自语地重复:"这样不出门,以后怎么办呢?"

爸爸心疼地望望妻子,又无奈地摇摇头。他说:"我老婆都快崩溃了,天天哭,觉也睡不着,整个人魂不守舍的。"

妈妈感受到丈夫的关心,抬起头报以微笑,接着继续低下头,好像说给我们听,又好像说给自己听:"这样不出门不行啊,真的不行啊……"

这个家庭是典型的男主外、女主内结构,爸爸长期出差,与孩子相处较少。

妈妈没有工作，全部的时间和身心都是围着孩子转。不久之前，孩子在他们眼中还是乐观、开朗的样子，虽然成绩一般，但健康、快乐，仿佛一夜之间，孩子就变了样子。父母，特别是妈妈，怎么也想不通。

她想解决问题，但更多的时候，**她会陷入一种"怎么办？怎么办？"的焦虑漩涡中，完全无法理智思考**。这种执念让问题陷入一个死循环，找不到出路。她越是着急，越是"不择手段"地去推、去拉，孩子就越是退缩，越是逃避，进入恶性循环。

但是他们没有意识到问题所在，还在不知疲倦地寻找各种方法，希望能把孩子"弄"出家门。妈妈处理不了自己的情绪，她只是盯着问题，陷入自我慌乱之中。

🌿 难处理的厌学问题

最近几年，接触的厌学案例越来越多。在心理咨询包括精神科当中，厌学都是一个老大难问题，同行们都不愿多去触碰。

同行不愿碰主要有以下几方面的原因。

（1）孩子主动求助的意愿低

在父母急于寻求咨询，但孩子不愿接受心理辅导的案例中，我遇到的大部分都是孩子厌学。

一方面，孩子觉得自己没有心理问题，只是不想上学而已，不需要专业的心理帮助。另一方面，他们可能并不想解决问题。问题解决了就意味着要继续上学，面对各种压力，于是心理问题就成了他们的防御武器。

（2）问题长期积累后集中爆发

很多家长意识到孩子问题的严重性，大部分是在孩子出现厌学状况之后，这种情况下家长才开始真正着急。

然而，在这之前，孩子的情绪和心理问题其实早有端倪。就像大海中的冰山，当我们看到露在水面的山尖时，其实水面下已经有大体积的冰山。

（3）耗时长

问题积累的时间长，会导致一个重要的结果：家长不断积累失望，让孩子丧失改变的勇气和信心。在这种情况下，**要说服孩子去面对和解决问题，就非常不容易。**

有些时候，孩子愿意尝试回校，却可能因为一些小小的打击，再次退回家中，这让家长也无比受打击。

（4）父母焦虑、着急

与耗时长、难度大相对应的，是父母无比的焦虑和急切的心情。这就形成了一个悖论，让心理医生左右为难。

推动太激进，可能造成孩子的反感和抗拒；推进太缓慢，焦虑的家长看不到效果，会怀疑心理医生的专业性，甚至直接放弃。

❦ 孩子出问题并非偶然

回到案例当中。与我们惯常接触的厌学孩子一样，这些孩子出现问题，其实并不像父母看到的那么突然。

一是，孩子的自信心较低，自尊心很强。

因为学习成绩一般，尽管在班级中积极参与活动，热情帮助同学，也很难获得同学和老师的欣赏。

二是，没有恰当的情绪处理方式。

从小到大，这个孩子在人前，包括在父母面前，都是保持着"乐观开朗"的形象，从来不谈论自己的烦恼。心里有不满，也很少表达，几乎都是憋在心里，自己消化。

三是，在人际关系中过度付出，依赖身边人的认可。

因为能够证明自己的途径较少，身边人对自己的喜欢，成为孩子自信心的主要甚至是唯一来源。这是个并不稳定，随时会坍塌的信心体系。一旦遭遇人际矛盾，或者朋友背叛，将会给自信心带来巨大冲击。

其实这些问题早已潜藏着，只是没有爆发，家长也全然未留意。

🌸 家长应对孩子厌学的方法

对家长来说，处理好孩子厌学问题很难，但是再难还是要想办法想策略，应对这一难题的关键是：干预要得法，要能够在混乱的情绪中保持理智，理性分析问题和解决问题。

（1）先调整自身情绪，再帮助孩子

在焦虑状态下，不断跟孩子讲道理，甚至打骂，基本上只能得到相反的效果。还是那句话，道理其实孩子都懂，只是孩子遇到了困难和卡点，进退不得。

(2) 在解决问题之前，想办法不让问题恶化

在焦虑状态下，家长极容易陷入一种"病急乱投医"的状况，只要听说有什么办法都会去试一下。

家长急起来更有可能上来就说孩子，甚至打孩子一顿，导致孩子更加退缩。这样做看起来是在解决问题，实际是在帮倒忙。

(3) 先解决孩子的情绪和困难，再解决上学问题

家长总有一种幻想：只要孩子回到学校，一切问题都解决了，这更像是一种心理安慰。现实状况是：孩子的情绪或者孩子面对的困难没解决，即使孩子回到学校，也很难坚持上学。

孩子厌学，恰恰是一起去面对和解决孩子问题的一个契机。

(4) 让孩子感觉，你不是只关心他上学的问题

每天不停歇地唠叨孩子不上学的弊端，真的会让孩子燃起上学的动力吗？恰恰相反。很多孩子反馈说，这会让他们感觉父母只把他们当成学习的机器，只在意他们的学习成绩，而不是他们的内心感受。

要理解孩子，帮助孩子，最后才是鼓励孩子好好上学。

(5) 切忌病急乱投医

每一次尝试新的解决问题的方式，对家长和孩子来说，都是一次巨大的信任投入。多次投入都没有获得积极的反馈，信心便会在这个过程中被不断打击和消耗，渐渐陷入一种无力的状态。接着，可能就是孩子给自己贴上"我没救了""我怎么就这样了"

的标签。

孩子放弃挣扎,放弃尝试,也不愿意再改变,如此一来,想要再推动孩子,几乎是不可能的。

因此,家长要珍惜每一次带孩子治疗的机会,了解清楚情况,确保自己能够投入信任,再带孩子去尝试。不要道听途说这个方法好,那个神医很厉害,就兴冲冲地跑过去。如果只是为了缓解自己的焦虑而"病急乱投医",基本不可能有效果。

每一次尝试,都是有成本的,家长需慎重再慎重。

自我怀疑不可取：相信自己，相信孩子

不知道从什么时候开始，父母成了孩子所有问题的"罪魁祸首"。

孩子抑郁：肯定是父母教育方式不恰当，没有关心孩子的内心感受，父母太自私，太功利，只关心孩子学习成绩。

孩子学习成绩不好：肯定是父母没有认真辅导，没有严格要求孩子，让孩子养成好的学习习惯，没有找好的辅导班，天天忙自己的工作，根本不关心孩子。

孩子不懂礼貌，不孝顺：父母更加难辞其咎，什么样的父母教出什么样的孩子。父母是原件，孩子是复印件。没有素质的父母，怎么能教出高素质的孩子？

现在的父母果然难当，为了能让别人满意，为了做一个称职的父母，需要拼尽全力，投入的时间、精力和金钱，超出以往任何时候。

养育一个孩子，比以前养育十个孩子还要累，压力还要大。为了养好孩子，父母放弃了休息时间，放弃了自己的梦想，放弃了自己的生活，真正算得上"鞠躬尽瘁"。即便如此费心，结果也只能祈祷上天保佑，毕竟养孩子不是种庄稼，只要控制好土壤、湿度、温度和阳光，就能保证长出好庄稼。

在孩子学习没动力和厌学的问题上，父母更是百口莫辩：为

什么别人家的孩子都爱学习,只有你家孩子厌学?焦虑、自责,相互指责,弥漫在每个厌学家庭的每一寸空间,每一份空气中。我们见过太多面临此种艰难处境的家长。

来自孩子的控诉

一个小升初时出现情绪问题,休学在家一年的孩子,无时无刻不指责妈妈:"都是你当时报了那么多补习班,不断逼我学习,最后才把我逼崩溃了。现在我学不了,你满意了吧?"除了耿耿于怀上学的事情,妈妈的一举一动儿子都不满意:"说话犹犹豫豫的,不知道你心里在想什么?"

"整天板着一张脸,不知道有什么不开心的。我都这样了,还对我不满意!"

说到激动的时候,孩子就砸东西,捶墙,踢门。家里谁劝都没用,谁都不敢靠近,有时一闹就是一两个小时。

妈妈也不断自责,深以为都是自己的错,都是自己当时不断逼孩子,不断给孩子报补习班,不断要求孩子考更好的学校,到头来害了孩子。妈妈在儿子面前头都不敢抬,说每一句话都小心翼翼地,要深思熟虑,生怕惹孩子不高兴。

带着自责,对孩子百般弥补,跟孩子说话都小心翼翼地,原本知道不该答应的要求都答应下来。孩子在家里成了皇帝,父母大气都不敢出。孩子稍有不满意,便大发脾气,把房间的东西都砸碎。父母叫苦不迭,却又无可奈何。

🌿 来自身边"专家"的"好意"

一个上初二的孩子因为分班之后不适应新班级，加上严重的社交恐惧，导致休学在家。自此之后，父母经历着炼狱般的生活。孩子不上学，三姑六婆，七大姑八大姨，左邻右舍也不会闲着，热心地出主意想办法，说这说那，让人应接不暇。

一个说："是他们太宠孩子，也不逼孩子去上学，孩子不能什么都宠着，顺着，该逼就要逼。"

另一个说："不上学就让他去打工啊，让他天天在家闲着打游戏，太不像话了。"

再一个又说："还是你们不忍心。要是我的孩子，早送他去打工了，让他吃吃苦，就知道上学的好了。"

连最亲近的人也抱着同样的观点："我早就说过你们夫妻，对孩子要严格一点。什么都将就他，要买电脑就买电脑，想打游戏就打游戏，现在长大了，管不了吧？"

还有的亲戚直接说："这样的孩子就是欠揍，多打几顿，我看他还敢不听话。小小年纪不上学，成何体统！"

总之，每句话听来都像是关心，却又都暗含着指责。指责父母教子无方，指责夫妻俩心太软，指责他们不忍心孩子吃苦。言下之意，这样的孩子落在我手里，早就收拾得服服帖帖的。是的，在指导他人的时候，每个人都是"专家"。

这对父母每隔一段时间就希望跟我交谈一次，名义上是了解孩子的情况，说起来就滔滔不绝地表达他们的压力和无助，说身边的人都在看他们的笑话。妈妈有时候忍不住掉眼泪,便偷偷转身哭。

妈妈说:"只有当着医生能说这些话,身边没有人会理解,都以为是我们不忍心,太宠孩子。人家又都是好心,我们听了也不好反驳什么,只能听着。"时间长了之后,孩子会主动提出让我隔一段时间跟他的父母谈一下:"我觉得他们比我压力还大,还焦虑,你安慰一下他们吧。"

如果父母也陷入焦虑和无助的状态,他们又如何能有信心,有能力来帮助自己的孩子呢?

🌿 都是全职妈妈的错

我认识一个全职妈妈,在上初三的女儿休学之后,全家人都将矛头指向了妈妈,毫不掩饰地指责妈妈没把孩子教育好。

爸爸一直在外地做生意,妈妈独自带着两个女儿生活。小女儿没办法上学之后,各种指责、建议几乎要将妈妈淹没。爸爸一年只回家几次,但是事业有成,在经济方面能保证给家里最大的支持。

孩子厌学之后,爸爸第一个跳出来指责妈妈:"慈母多败儿,看你把孩子教成无法无天的样子,想怎么样就怎么样。"女儿看不过去,替妈妈出头,反过来指责爸爸。爸爸不敢跟女儿正面对峙,于是变本加厉地责骂妻子:"什么都不用你干,就带个孩子还带成这样,娶了你我真是倒了八辈子霉!"

妈妈委屈得只是哭,一句都不敢反驳。承受着巨大的焦虑和委屈的妈妈，将愤怒和委屈全都倾倒在孩子身上。孩子休学在家的期间，动不动就发脾气，严重的时候就直接打一顿，家里的衣架都打断了好几个。打完孩子，看着孩子身上的伤，妈妈自己就哭。看着孩子腿肿得不像样，妈妈不忍心，要给女儿擦药，女儿不愿意，妈妈于是哭得更厉害。妈妈自责后悔，然而过几天，情绪又会再次失控，同样的事情再次上演。

原本遇到困难第一时间想到妈妈的女儿，在休学期间，跟母亲变得水火不容，自己孤立无援，于是渐渐自暴自弃，对上学完全放弃希望。

除了他人批评，也有愿意主动展开全面自我批评的，全家人都在比谁自我检讨得更深刻。于是批评和自我批评变成一种仪式，每个人都争先恐后，无暇思考整个过程是否有意义，是否真正对解决问题有帮助。

❧ 停止寻找"替罪羊"

也许有人会说："孩子上不了学，难道父母没有责任，家庭没有责任吗？"

当然不是。我们不是要高举"保护父母"的大旗，鼓励家庭不要改变，支持父母不要反思，而是不期望遇到问题时就走向极端去归因。无论"父母永远是对的"还是"父母应该承担所有的责任"，这都是走向极端的归因，都是有百害而无一利的。

几十年前，我们还在奉行"长幼有序"，奉行"天下没有不是的父母"，认为孩子出问题都是他们自己不懂事，不上进。孩子被批评，被教育，被打骂、羞辱，都被认为是合理的。

几十年前，孩子切切实实是家庭的"替罪羊"。然而几十年后，随着教育观念的迭代和进步，加之心理普及教育的推广，大家知道了孩子情绪问题背后的原因，知道了家庭对于孩子的影响，于是矛头一转，完全指向了父母。

孩子成了"复印件"，父母成了"原件"，成了众矢之的。现在，父母成了孩子问题新的"替罪羊"。这样的理论之下，父母越来越焦虑，越来越不知所措。遍地都是"失败的父母""无能的家长""罪恶的双亲"，父母开始怀疑自己作为合格父母的能力，也陷入深深的自我挫败之中。

家长强大的自我挫败感及小心翼翼的做法，只会造就家中"霸王型"的孩子，因为这样的家庭环境并不适合孩子的成长。

我始终相信，除了个别极端案例，大部分父母都具备一些为人父母的基本特质及天性，这是所有哺乳动物繁衍的本能。我们需要做的是，重新帮助父母找回这样的本能，找回作为父母的信心。当然，同时也要修正父母不恰当的教育方式和做法。

多年的心理研究证实，除非万不得已，父母依然是孩子最理想的抚养人。当然，时代对于父母提出了更高要求。在这种情况下，父母需要引导，需要成长，需要培训，需要帮助，但不能否定父母之前所有的工作和付出。

当孩子遇到问题时，需要父母的帮助和支持，而不是一个愤怒的宣泄对象。宣泄愤怒带来的快感会让人沉迷，进而放弃改变的意愿。厌学孩子的家长同样需要支持，甚至更需要支持。担心孩子，责怪自己，焦虑孩子的未来，这让很多家长处于崩溃的边缘。

若是父母崩溃了，放弃了，谁来陪伴和帮助孩子呢？所以家长们，无论身处何种状况，请相信自己，同时相信孩子可以改变。只要不放弃，一定能找到解决问题的办法，孩子的潜力比家长认为的都要大很多。

焦虑情绪需觉察：先解决情绪，再解决问题

作为家长，我们总是习惯把注意力放在孩子身上，同时忽略自己，也忽略自己的情绪。父母想帮助孩子，孩子又何尝不想帮助父母呢？

我们先来看看下面这个家长的提问。

"我的孩子现在上高一，她在学习上一直属于中上等学生，和老师、同学的关系也比较好，这次期中考试考得比较突出。经过跟班主任的沟通，老师说我姑娘很努力，考得好是应该的。"

交代完背景资料，妈妈提出来自己的担忧："我担心孩子考得太好，以后在学习上会有压力，同时担心同学会排挤我的孩子，从而影响她以后的学习。我该怎样鼓励我的孩子，才能避开我的担心，让孩子能开心学习？"

看得出来这是一个很用心准备的问题，妈妈把自己整个心路历程都表达得很清楚。

看完之后，我的头脑中就有一个疑问一直在盘旋：只听说孩子成绩不好家长着急、担心，原来孩子考得好，家长也会担心？要是孩子看到这个提问，大概率会无奈地问一句："妈妈，我怎么样才能让你不焦虑呢？"

另一点便是，我把妈妈的疑虑通篇读下来，其他的内容记得不太清楚，印象最深刻的就是"担心"，反复担心。"我担心孩子

考得好，她学习会有压力；我担心孩子考得好了之后，同学会排挤她。"总感觉这位妈妈还有其他没来得及表达的担心，只是因为篇幅或者时间的限制没来得及表达。

她问了一个非常有意思的问题："我要怎么做，才能让我的孩子避开我前面的担心？"这个问题，换一个表达应该更恰当：我怎么才能处理好自己的焦虑，以便真正地帮助孩子呢？

🌸 想象事实与真实事实

在整个叙述过程中，唯一的真实事实是什么呢？是孩子在一次期中考试中超常发挥，考得很好。老师也说孩子平时很努力，考这个成绩是应该的。

想象事实占据了巨大的篇幅：孩子学习会有压力，一次考试考好了，会要求自己保持这个成绩，给自己造成太大的负担；身边的同学开始嫉妒她，认为大家之前水平都差不多，你怎么可能突然考这么好？同学不服气，不认可她，进而开始疏远她，排挤她。顺着这个假设，可能还会出现孩子学习压力太大，人际关系又不好，最终厌学，害怕学习等一系列后果和担忧。

这些"想象事实"日夜在妈妈的眼前浮现，让她寝食难安。在她眼前，这些事情都是"既成事实"，不再是假设，不再是可能发生。你看，她最后不都问了"怎么才能让孩子避开这些问题吗"！这些担忧是已经真实发生了吗？这些假设会真的会发生吗？我们无暇自问这样的问题，总想着赶紧做点什么，让我们担心的事情不要发生。

明明事情发生在想象当中，我们却认定需要在现实中去做点什么，让想象中的事情不发生。这是我们每个人都会习惯性陷入的误区，可以简单地理解为"求安心"，即我们做事情，不是为了事情真的有效果，而是为了内心不再焦虑，不再慌乱。为了缓解焦虑，花钱、花时间、花精力，统统在所不惜。

变化最易让人焦虑

虽然我们不清楚孩子这次考试成绩究竟好到了什么程度，是从班级的中等水平，一下子考到了全班第一这么大的跨度，还是从班级的中上水平进入了上等水平，比如前十名，唯一可以确定的是：孩子成绩有了明显进步，比平时考得都要好。

这是一个进步，更是一个变化。我们希望孩子有进步，却不希望孩子有变化。因为进步让我们欣喜，变化却让我们焦虑、恐慌。当然，这样的期待，原本就是一个悖论，我们总是期待这样的悖论能够实现。

进步肯定是好的变化，但这却是我们常常忽略的一个事实。在心理学的一个"近期大事件"测试中，人们会把最近发生的所有大事件作为一个参考指标，无论是好事还是坏事，通通都要列举出来，因为应对变化，本身就是一个有风险的事情。

只要有变化，无论好坏，都可能产生巨大的情绪波动，引发焦虑和担忧。因为变化后的场景是我们不熟悉的，没有经历过的，没有经验可以参考的。人自我保护的本能是待在熟悉的环境中，这样感觉更安全，或者说更安心。

提问的妈妈为什么会焦虑，因为她和孩子面对一种全新的生存环境，从处在中游的默默无闻，到成绩提升后可能变成众星捧月；从没有压力，甚至同学基本不太关心她的学习成绩，到大家可能都会去跟她比较，甚至内心里盼望着她学习退步。这些担心无论是否真实发生，发生的变化都需要他们重新适应。

只是，在孩子尝试适应之前，妈妈已经六神无主，焦虑不安了。

🌿 搞清焦虑情绪属于谁

在整个提问中，我一直觉得缺少了一个重要的信息，有一个主角一直缺席：孩子。

孩子究竟是怎么想的？她究竟是怎么看待这件事情的？孩子也有同样的焦虑和担忧吗？还是她理直气壮，坚信自己是实至名归，认为她这段时间那么努力，本来就应该拿到这个成绩？又或者她根本就不觉得这次考得很好，并不满意自己的成绩？

我们的主人公的想法和感受，在这个提问中是缺失的。我们只知道家长认为的孩子的感受，只看到家长对孩子的担心，以及家长在这种担心之下，希望做的尝试和引导。那么，我们就需要问这样一个问题，这个情绪，这个担忧，这个焦虑到底是谁的？是家长的还是这个孩子的呢？

不言而喻，这个焦虑是属于家长的，是家长在面对一种全新的状况时，在面对没有把握的状况时，产生出来的担忧和焦虑。但其实我们很难划清这两者的界限：为谁担心，为谁着急？还不是为你吗？你怎么能说我的担心跟你没关系呢？是属于我自己的吗？

很多孩子会有同样的困惑：都是我表现不好，不够懂事，我爸妈才会那么担心我，要么操心。所以我要更努力，做得更好。孩子们怎么会想到：做得太好，爸妈也会很担心。

当面对这样的焦虑状况时，家长是否可以停下来思考一下：我担心的孩子的状况是真实发生了吗，还是存在于我的想象中？如果只是存在于家长的想象中，却要孩子负责，是否太让孩子为难了呢？

🌸 孩子可以不让父母担心吗

怎么去鼓励孩子避开我的担心呢？这是整个提问的最终落脚点，也是特别值得探讨的一个观点。

这就好比说家长感觉地上有个水坑，于是想方设法说服孩子："要小心避开地上的水坑！"孩子觉得很奇怪："我没看见地上有水坑啊。""我看到有水坑，总之你避开就是了！"于是，拉着孩子在平路上绕一圈，避开了所谓的水坑，家长也就安心下来了。

逻辑关系便是这样的：作为家长，我担心一些事情，我很焦虑，这个焦虑让我寝食难安。我希望怎么去解决这个焦虑呢？去鼓励我的孩子，去引导我的孩子，简而言之就是让孩子改变，最终达到让家长不担心的目的。总结一下就是：家长产生了焦虑，却努力在孩子身上去做工作。

对于这个孩子，或许我们可以做一些解释，做一些辅导，告诉孩子:"考好了也没关系,你不要有学习压力,你不要担心你的同学会排挤你,你放松就好,开心学习就好。"然而,对于这种情况,我总是浮现一个画面,孩子一脸懵地望着家长说:"我不担心呀,我没有压力呀!我这次考好了,我挺开心的呀!"

我曾经碰到一个初三的孩子,有一段时间害怕上学,害怕考试。父母每天如临大敌,生怕她又不起床,又不肯上学,觉也睡不好,饭也吃不下。后来经过一段时间的心理辅导,孩子状况有了很大的好转,能够正常上学了。

但实,现实中有时却会出现很滑稽的一幕:只要她哪一天没有准时起床,哪怕只是赖十分钟的床,妈妈便会拉长着脸,坐在她的床头,声音低沉,满含失望地说:"你是不是又不想上学了?我知道过几天又要考试了,你又害怕了,又想逃避了,是不是?你不能这样,你不能总想着逃避。"

孩子说,妈妈每次都一副"窦娥冤"的表情跟我诉苦,但我真的没有不想上学,我真的只是头天晚上睡晚了,想多睡一会而已。他们为什么不能相信我呢?我要怎么做他们才能不想那么多呢?

有时候,父母们需要用这些问题反问一下自己:"孩子怎么做才能让我完全不担心呢?""孩子可能做到让我完全不担心吗?"

🌿 无助、无力与焦虑

后来,文章开头例子中的妈妈回复我,表达了她的更多无助:她跟前夫离婚,前夫反对她经常去看孩子;她想关心孩子,想对孩子好,但是她在这件事情上是无力和无助的,完全不知道从何下手。无力与焦虑向来是结伴而行的，回头细想，她才发现，自己带着焦虑的关心，更多是出于自己的心理需要，除了带给孩子负担，并没有什么支持的作用。

只是这些是父母们最不愿意面对和觉察的。我们习惯将焦点都放在孩子身上，为孩子去奔忙，去努力，却不习惯静下心来，觉察一下自己内心的无助和孤独。

焦虑，说到底就是对于自己或者他人应对问题的能力不信任，由此引发忐忑和担忧。自己无法处理，或者不相信自己能够很好地处理，所以我们想方设法让担心的事情不要发生，如此便以为可以高枕无忧。

但是，人类原本就是渺小的，就是有能力有局限的，因此没有人能掌控全世界。接受自己的弱小，看到自己的焦虑，接纳自己的无助，这并不丢脸。如此，我们就不会一再要求孩子，不会一再要求自己努力去做，拼命去做。总有一天，待我们达到一定境界后，我们就能忽略焦虑，进而寻求内心那片刻的平静与心安。

每一种被进化和保留下来的情绪，都有它存在的价值。焦虑是为了让我们能够有适当的危机感，这样才能世世代代繁衍生息。想要完全消灭情绪，便是与本能为敌，不可能成功。那么放轻松，接纳你的焦虑，跟焦虑做朋友，试试看，说不定你就能进入一个新天地。

🍃 相信你的孩子

即使我们担心的状况全部发生了，你如何确定孩子就一定应对不了呢？比如说她这次考好了，她希望一直保持这个好成绩，她投入地学习，她就一定没有这个能力吗？

如果她真的因为学习成绩变好而面临被排挤、被孤立的境地，她就一定没办法处理这件事情吗？学习成绩变好，可能有的同学会排挤她，那也可能有同学因为欣赏她，主动跟她成为好朋友呢。

相信孩子自己能够面对，相信他的潜力，很多想象中的问题即使发生，也就不再是问题。帮孩子建立信心，让孩子相信自己有处理问题的潜力，会帮助他战胜很多困难。这种信心怎么来？来自家长对他的信任。

我们信任他的能力，我们相信他做得到。无论他跌倒多少次，我们都不放弃他，他就能够慢慢相信他自己。**父母就是孩子的底气，孩子要从父母的眼中，来确认自己到底是什么样子。**

你不需要帮他解决全部的问题，你也不可能帮他解决全部的问题，让他相信自己有解决问题的能力，才是我们做父母的带给孩子最大的财富。

盲目帮助没效果：不被看见，是对孩子最大的否定

遭遇学习打击的孩子，比任何时候都需要被看见，被理解。但我们对于什么是真正的"看见"孩子，其实并不是特别了解。什么叫真正的看见呢？真正的看见不是天天跟孩子在一起，而是**看到孩子真实的、立体的样子**。

看见孩子，理解孩子，才可能真正帮助孩子。我们通过一部电影来谈这个话题，这是一部获评高分的电影:《阳光普照》。

看片名这部影片似乎温暖而灿烂，实际内容却是一部家庭故事的悲剧。当然，这毕竟是电影，情节都经过虚构加工，不可全信，但确实能带给我们一些思考。

🍃 一个平凡的家庭

《阳光普照》这部电影的故事发生在一个普通的家庭里。父母职业普通：父亲是驾校教练，母亲是酒店造型师。他们有两个儿子，大儿子阿豪，小儿子阿和。

像很多平凡的家庭一样，父母兢兢业业工作，早出晚归，努力给孩子提供尽可能好的学习和生活环境。同样，这对平凡的父母，也期望孩子能够出人头地，光宗耀祖。出生在同一个家庭的两兄弟，却成长为了天差地别的两个少年。

大儿子阿豪，简直就是太阳的化身：长相高大帅气，成绩优

异，乖巧听话，人见人爱。**所有人对他的评价都是一个字：好。** 阿豪对每个人都很友好，却又似乎跟大家都不亲近。唯一跟他关系较好的女孩晓真说："他对人很友好，有时候会觉得他好像把所有的好都给了别人，忘了留一点给自己。"

弟弟阿和说："哥哥真的是一个很好的人，什么事情都替大家着想，但其实我们没有一个人真正知道他心里面在想什么。"

影片里有这样一个细节：阿豪放学回家，刚进房间，就听到厨房开水烧开的声音。厨房正对着阿豪房间的窗户，母亲就站在灶台前抽烟。阿豪走到厨房，问："妈，有什么事啊？"母亲装作没事，但却耐不过阿豪的再三逼问，便坦白："明天你弟媳（弟弟阿和的女朋友）要产检，我没空，你爸不肯去，谁陪她去？"（弟弟阿和当时已经进了少管所）阿豪迅速回答："我去吧。"阿豪敏感、细心，习惯为他人着想。母亲没有答应，也没有拒绝。阿豪补充道："没事，我去吧。你快去睡吧，妈。"多么温情的画面：贴心的儿子，主动帮妈妈排忧解难。

❦ 父亲的偏爱

父亲对这个完美的大儿子更是偏爱有加，寄予厚望。偏爱到什么程度？他会亲自赶到补习班给大儿子送学费，还把自己视为宝贝的笔记本送给他，上面有"把握时间，掌握方向"的八个字，这也代表了父亲对他的人生希望。父亲不善言辞，却笨拙地表达出了自己对大儿子的器重。

在驾校工作的父亲，每当遇到"八卦"学员来搭话，问他

"教练，你有几个小孩啊？"他都回答："一个。"**父亲口中唯一的儿子，是阿豪。**

小儿子阿和，在这位弯腰驼背、沉默寡言的父亲心中，是羞于启齿的"家丑"：早恋，成绩差，成天斗殴打架，惹是生非。最后，阿和因为意气用事，打架斗殴，砍伤对方，惹出刑事案件。

阿和刑事案件判决的法庭上，有这样冰冷的一幕，面对法官的提问，父亲的表现粗暴而冷漠："我希望你们把他（小儿子）送进去好好管教。"末了，父亲竟然压抑地咬着牙说了一句："我希望把他关到老，关到死。"坐在一旁的小儿子，咬着牙，一句不吭。

听到前一句话的时候，我们或许理解这位父亲对孩子还抱有希望：不包庇，不希望纵容孩子犯错。最后一句"我希望把他关到老，关到死"，再加上这位父亲说"我只有一个儿子"，可以看出这位父亲真正的心声：**他不想有阿和这样一个儿子**，他希望阿和一辈子待在监狱，不要出来给他丢脸。对于阿和，他是彻底地失望了。

🌿 完美的儿子突然"消失"

转折发生在大儿子阿豪出事。

一天夜里，阿豪从楼上一跃而下，结束了自己的生命。楼下的空地上，是一位崩溃的母亲，和一位沉默的父亲。一语成谶，父亲真的只剩下一个儿子了。只是，这个父亲做梦也想不到，倒在血泊中的会是自己最引以为傲的大儿子。

懂事的阿豪，甚至在跳楼前，也把手机里面所有信息和资料删得干干净净，房间干净整洁，衣物叠放整齐。**直到去世，他都不想给家人添一丝麻烦。**

哥哥的死，对弟弟是一个巨大的冲击，他想不通："自己这么烂，都想活下去，哥哥那么优秀，怎么会自杀呢？"哥哥的自杀，让所有人无法接受。大家看到的哥哥，都是阳光灿烂的样子，以为这就是他全部的、真实的模样。那么真实的他呢？

🍁 真实的他，从未被看见

阿豪曾经跟女孩晓真讲过一个故事，是司马光砸缸的另一个版本。故事里，司马光跟小朋友玩捉迷藏，当所有小朋友都被找到之后，司马光说："还有一个小孩没有找到。"最后，大家找到一个水缸。司马光拿起石头砸向水缸，水缸破了，但并没有水流出来，而在水缸的阴暗处，坐着一个小孩，看着缸外。缸外的司马光愣住了，**因为那个小孩，就是司马光自己。**

阿豪的脆弱，只有他自己知道。后来发现阿豪自杀前发给晓真的信息中，又提到了司马光砸缸这个故事，他写道："前几天我们去了动物园，那天太阳很大，晒得所有动物都受不了，它们都设法找一个阴影躲起来。我有一种说不清楚且模糊的感觉，我也好希望跟这些动物一样，有一些阴影可以躲起来。但是我环顾四周，不只是这些动物有阴影可以躲，包括你、我弟甚至是司马光，都可以找到一个有阴影的角落，可是我没有。我没有水缸，没有暗处，只有阳光，二十四小时从不间断，温暖明亮，阳光普照。"

阿豪被剥夺了躲在阴影里和脆弱的权利,或者说主动放弃了休憩、乘凉的权利,理所当然地承担起了一家的"精神支柱"。他就像太阳一样,永远温暖,永远灿烂,没有一丝阴影。

阿豪被依赖,也自我消耗着。这只是他的一面,而身边人,特别是家人,一直以为这就是他的全部,他就是太阳之子。

🍃 我们不了解那个"别人家的孩子"

阿豪这个角色,对于我们理解很多看上去很优秀,很阳光,却患上抑郁症,厌学,甚至厌世的孩子有很多的借鉴意义。

他从里到外都是"别人家的孩子"。第一次高考,阿豪第一志愿报考医学院失败。他主动提出复读、补习,他不能退而求其次去一个普通的大学,他必须优秀。

他不能待在阴影里,不敢展现自己的脆弱和叛逆,他害怕自己让身边的人失望。他背着"优秀、阳光"的枷锁,脚步沉重,直到最后寸步难行。

一开始,他就背着家庭和身边人给他的高期待,被迫表现得阳光,表现得正能量。然而时间一长,这个枷锁像长在他的身上,再也取不下来。

要把自己阴影的那一面展现给他人,比死亡还让他恐惧。这个给所有人带去温暖的孩子,内心其实比谁都孤独和煎熬。

🍃 和解

阿豪去世一年半后，阿和因为表现良好，提前出狱。因为有前科，几经碰壁之后，阿和好不容易才在洗车场找了份夜班工作。从阿和出狱的那天起，父亲便不再回家，每天睡在办公室。

即使失去优秀的大儿子，父亲仍不愿承认这个"烂泥扶不上墙"的小儿子。 这个父亲，似乎坚守着自己最后的倔强和期待。

故事最后，影片安排了一个迟来的和解：父亲出门买东西，遇到了在便利店上夜班的儿子。已经多年未说过一句话的父子俩，借着"店员"和"顾客"的身份，因为找零钱终于有了对话。付完账后，儿子对正准备出门的父亲开口说："爸，要不要喝点东西？"

寡淡的交谈背后，是两颗心在慢慢靠拢。

"你不是在洗车场上班？"

"洗车场九点结束后，然后就来这里上个大夜班。"

"这样会不会太累？"

"回去还能睡五六个小时，还可以。"

对话有些疏离，有点别扭，有点尴尬。这场对话或许没能让父子两人完全释怀，但至少打开了一条缝，让阳光能够照进来。一直认为阿和一无是处，看都不愿看他一眼的父亲，似乎第一次认真地打量起了自己的小儿子。打量之后，好像小儿子也并非全无优点，而是长大了一点，懂得承担责任，努力生活。这大概是不着调的阿和，第一次被父亲看见。

影片到此并没有结束，但我却希望以这个画面作为结局。**万物皆有裂痕，那是阳光照进来的地方。同样，在阳光普照的地方，必然会有阴影**，这才是大多数孩子真实的样子。

急于求成要不得：孩子厌学，父母要过哪些心理关

这几年中，接触了大量学习无动力甚至厌学的孩子，也持续地在做家长们的沟通和支持工作。在这个过程中，见证了家长的无助、焦虑、自责和挫败，以及无数次想放弃的冲动，当然也有家长那数不尽的眼泪和叹息。

这是一场持久战，考验着孩子的坚持、韧性和勇气，也考验着家长们的耐心、勇气和信任，哪一关放弃了，家庭可能就会陷入困境，孩子就会继续止步不前。在这场持久战中，耐心、勇气和信任大概就是父母需要过的心理关。

带着孩子闯关升级，最终渡过厌学难关，既急不得，也没有捷径可走。

🌿 孩子厌学，不全是家长的错

孩子厌学，不全是家长的错，只是孩子需要家长支持，陪伴他渡过这个难关。

自责，是许多家长面对孩子厌学问题时最直接的情绪反应。只要孩子出现厌学，无论之前是宽松式教育，还是严厉的棍棒教育，家长都或多或少地要经历一场寒冬，深刻反思自己的疏失，拼命挖掘自己在教育中存在的问题。

宽松的家长会认为自己太溺爱孩子，太没有原则，才导致孩

子没有规则意识，不负责任，任性而为，想上学就上，不想上学就不上。严厉的家长会反思自己要求太严格，给孩子造成太大的心理压力和负担。明明孩子已经不堪重负，自己却继续给孩子施压，最终导致孩子厌学的悲剧。孩子厌学，归根结底都是自己的错，都是自己的问题。

他们认为孩子厌学，自己是最大的责任人，然后每天列举自己都有什么地方做得不对，比如说话太大声，陪伴孩子太少，没有听孩子心里的想法，没有及时发现孩子的情绪问题，把成绩看得太重，给孩子报太多辅导班，等等。

甚至，某一天孩子跟自己说话，自己语气稍微重了一点，都会让家长自责不止，不断地用道德的皮鞭抽打自己。孩子厌学之后，我们开始用完美家长的标准要求自己，以心理医生要求的与孩子的互动方式来规范自己的行为。看大街上所有的父母都比自己做得好，家长无时无刻不在自责。

自责导致的直接影响便是补偿。以无限地退让来补偿，以丧失原则，完全无条件地将就来补偿孩子。

亲眼见到孩子稍一反驳便拍桌子大吼的爸爸，在孩子厌学之后变得唯唯诺诺，大气都不敢出。曾经严厉反对孩子玩手机、玩游戏的家长，为了让孩子高兴，怕孩子有压力，完全不敢管控孩子玩手机。而一直都对孩子成绩寄予厚望的家长们，标准更是直接降至"能去学校就好，不听课也没有关系"。

遗憾的是，一再无原则地退让，无限的自责，无底线的退让和补偿，并没有实现孩子顺利回校的愿望，反而将"家"变成孩子的天堂。孩子赖在家中，哪还有学校什么事。

家长们在这种"自责—补偿—失望"的三角模式中，不断循环往复，深陷其中，无法自拔。

🌸 因未来的不确定性而焦虑

对大多数父母而言，孩子厌学的冲击力，无异于"晴天霹雳"。

一个爸爸曾经告诉我："我父亲过世的事情，都没有我面对孩子长期厌学那般无助和悲伤。"

一个妈妈说："我从来没想过我的孩子会厌学，她那么乖，那么懂事，我感觉整个天都塌下来了。"这位妈妈还哽咽着说："只要孩子能去上学，我做什么改变都可以。"

偏偏厌学这个赖皮鬼，仿佛粘在孩子身上一般，一周周过去，一月月过去，仍然没有要走的意思。**焦虑，无限的焦虑**，如海浪般袭来，家长不知道这样的日子什么时候才能结束，不知道如此的折磨何时才是尽头。

一旦孩子厌学，家长难免生出疑问：孩子能去上学吗？孩子不能去上学，将来怎么办？找不到工作怎么办？养不活自己怎么办？对孩子未来的未知和不确定，以及没有时间预期的漫长煎熬，是焦虑成长的温床。有些家长甚至陷入失眠之中，无法安心工作，害怕回家……

焦虑像个无形的野兽，能把人折磨疯。在这种时候，如果有广告说"七天之内保证孩子顺利回校上学""一个月解决孩子的厌学问题",无论多少钱,只要在能力范围内,家长们都会义无反顾地付款。这笔账单不是为解决问题花的钱,而是为缓解焦虑花的钱,目的是让自己重新燃起希望,让焦虑水平能稍稍降低。

更多时候,家长的焦虑会幻化成愤怒,直接倾泻在孩子身上:"你知不知道都是因为你,我们全家人的生活都毁了!""别人都能上学,为什么就你不行?"之前好不容易慢慢修复的亲子关系,因为这一顿怒火,可能会瞬间崩塌。家长冷静下来后,又会继续自责,从而陷入恶性循环。

❦ 不断经历挫败后的信心

"你相信自己可以帮助孩子跨过厌学这一关吗?""你相信孩子可以振作起来,继续上学吗?"这是我经常问家长的两个问题。很多厌学的孩子,几乎都处于"自暴自弃"的边缘。他们内心敏感,经常自我否定,没有多余的力量支撑自己,自信心也消耗殆尽。他们急切需要外界特别是家人的支持。

但是家长有信心吗,家长对自己有信心吗?家长对自己的孩子有信心吗?在孩子三番五次答应去上学,却迟迟没有动静,总是以各种借口搪塞之后,还能有信心吗?在孩子好不容易踏进校园,眼前仿佛出现希望的曙光,却只上了一大学,接着就无法坚持,再次逃回家里,家长还能有信心吗?在面对孩子无数的丧气话,整天打游戏,日夜颠倒的作息,不出门、不社交甚至不洗澡的颓废生活时,家长还能有信心吗?说实话,真的很难!

每一年的开学季,我都同样内心忐忑,不知道哪个孩子能够顺利去上学，哪个孩子会因为无法预知的状况而"上学失败"。父母失望的眼神，无力的叹息，孩子低到胸前的头，凡此种种，都充满了无力和挫败。厌学问题处理起来难，并非技术难度有多高，而是**这种不确定的挫败，不断地考验着心理咨询师和父母的韧性**。

是的，是韧性，是被打击、被挫败之后仍然能够重新站起来、重新饱含信心的韧性，单纯靠耐心不够，还需要有一种信念作为支撑。而遇到失败就放弃，就改道，乃是人之常情，如何能够保持信心，坚定目标，着实不易。

但是孩子，确实需要这样的信心。

🍁 不放弃，也不能放弃

我接诊过一个跟进了大半年的孩子，孩子有严重的情绪问题和社交恐惧。这个孩子终于在休学了近一年学之后，顺利回到学校上初三。转变的过程充满波折，开始时也时常在双休日后想方设法不回学校，好在一个多月之后，他基本能够正常上学，并且主动提出要补习，希望能够考一所好一些的高中。父母当时脸上的欣慰和惊喜，看得我有些心酸。

我们都期待这个孩子能够有正常的学校生活，一步步战胜自己的心理问题。没想到的是，一场疫情改变了这一切。

疫情让这位学生在家里待了半年，这半年时间，孩子从开始的积极补习功课，到后面渐渐地恢复到日夜颠倒玩游戏的状态，社交也渐渐归零，整个人几乎足不出户。疫情平稳后，要重新开学的那一天，他好不容易逼迫自己穿好衣服，背上书包准备上学，却再次被无边的恐惧笼罩。他不敢跟爸妈说自己不敢去上学，在恐惧情绪的支配下，他跑进卫生间，喝了洁厕剂。喝下去的洁厕剂分量并不大，他也很清楚："我并不想自杀，只是想吓吓父母，让他们不要逼我上学。"

送医、住院、洗胃，一番折腾下来，父母出乎意料的平静。孩子不用去学校，却没有意料中的解脱感。

爸爸不住地叹气："我没办法管他了，我也管不了他。"妈妈一直哭，不停地用纸巾擦已经红肿的眼睛，说不出话，一说话就掉眼泪。面临如此打击之后，父母如何能继续保持信心，依然不放弃，真的很不容易。

只是家长如果放弃了，孩子还能坚持吗？所以"不放弃，也不能放弃"，是家长们要过的一个很重要的心理关。

❦ 陪孩子一起渡过难关

解决孩子的厌学问题，关键不是技术问题，也不存在什么灵丹妙药，世上没有药到病除的"神药"或者"大师"。

每个心理咨询师，包括我自己，都接诊过辅导一两次就顺利回校上学的案例。成功辅导会为心理咨询师带来特别的成就感，但奇迹案例只是个例，不是常态，两次成功并不能让明自己水平优秀，或者厌学是个很好解决的问题。

厌学背后是人际关系问题、学习压力问题、困难应对模式问题、家庭关系问题的集中爆发，没有解决这些问题，**单纯以为把孩子送进学校就万事大吉，是完全的掩耳盗铃。**

减法家长
激发孩子内驱力的秘密

因为焦虑，家长们迫切地想快点把孩子送进学校，哪怕打进学校，骂进学校都没有关系，只要孩子在学校待着，自己便能心安，便能睡着觉。然而，问题并不会因为掩盖便不存在。

直面问题，解决问题，探寻孩子厌学背后的深层原因，一层层突破，除此之外，别无他法。厌学是一个机会，让我们不得不去面对孩子成长中的不足，面对家庭相处的问题，甚至是家长自身的人格问题。**同时，这也是检验家庭关系稳固程度，正视家庭的抗挫折能力的一个机会。**

家长突破心理关，然后再与孩子共渡难关。除此之外，没有捷径，没有秘方。

减法 3　别让家庭的坏情绪，消耗孩子的学习动力

别让孩子成为家庭的"减压阀"

之前看到过一则新闻。

浙江温岭，一名一岁多幼童高烧晕厥，急需送医。进电梯后，妈妈崩溃地大哭，不断捶打自己。孩子爸爸做了什么呢？因嫌电梯太慢猛踹电梯，五楼踹了一次，没事。三楼继续踹，导致电梯停止运行，全家被困电梯。接警后，民警和消防火速赶来，共同破门救出被困人员。

不幸中的万幸，因为救援及时，孩子经过救治转危为安。

看到这则新闻，我不由自主地捏了一把冷汗。这个家庭像一个随时会爆炸的定时炸弹，而不出意外的话，孩子很可能被放在"减压阀"的位置上。这种情况绝对不是一个好选择，但这却是很多家庭的现状。

🍃 家庭需要"减压阀"

一个家庭,是需要一个减压阀的,以此来保证家庭稳定,不至于随时随地爆炸。什么是减压阀?就是当家庭中的压力升高,氛围过热的时候,能有人敏锐地意识到这一点,适时地为家庭降降温,把阀门打开降降压。

这种压力,可能是恐惧,也可能是愤怒,也可能是莫名的、弥漫性的焦虑。总之,身在其中的人,会感觉到压抑、憋闷,就像一个气球被不断地吹气,气球涨得越来越大,压力越来越强,眼看着就要爆炸了。在气球不断地膨胀时,每一个走过来的人,还在尽全力往里吹气,大家的情绪都憋在肚子里,会让人更难受。

气球肉眼可见地膨胀着,被撑得越来越薄,甚至可以清晰地预感到气球就要爆炸。此时,家庭里需要有一个人站出来,给气球减减压:扎个小孔也好,直接把气放掉也好,给气球装个减压阀也好。总之,要有尝试做点什么,来保证气球不会一直膨胀下去,直到爆炸。

让气氛冷下来,静下来,在一方火上来的时候,有人搬来点冰块,适时降降温;在一方温度太高,过于激动的时候,有人出面泼泼冷水;在一方过于焦虑,坐立不安的时候,有人稳一稳椅子,好让对方坐得踏实一些……这些都是家庭当中必不可少的减压阀工作。

🌿 谁来做这个"减压阀"

那么,谁来承担这个减压阀的工作呢?最好的分工是作为家庭支撑的夫妻双方,轮流来,交换着做。丈夫愤怒、焦虑的时候,妻子做泼冷水、搬凳子的工作。妻子火冒三丈的时候,丈夫出来递冰块,放一放气球里的气。

轮换着来,谁也不吃亏,内心才能平衡,减压效果也才能持久。这也就是我们常说的,互相做彼此的"心理医生"。

如果长期是其中一个人做"和事佬""消防员",一段时间还好,日子一久,有人就会心中生出不甘来:"凭什么都是我忍气吞声?"没有谁是天生的好脾气。只有了解这一点,才能够避免很多冲突。

🌿 父母沉浸于自身的情绪中

最糟糕的情况是,家庭的支撑者都无动于衷,夫妻双方都不出手。眼看着气球就要在面前炸裂了,双方依然袖手旁观。

就像案例中所说的,妈妈焦虑起来便打自己,爸爸也着急,也恐慌,于是干脆拳打电梯。终于电梯不堪重负,被砸停了。

作为父母,双方都沉浸在自己的情绪里,为孩子担心,为电梯太慢心急如焚,心里都急死了,心火就烧起来了。

生活中,如果夫妻就是看不到对方,没办法去搭把手,把对方的压力阀门拧一拧,松一松,这时候往往会有一个人坐不住,挺身而出的就是他们的孩子。这其实是最糟糕的情况。

孩子对家庭压力最敏感

孩子本身对家庭中的压力，对父母的情绪其实是最敏感的。一方面，他们的世界很小，他们会全心全意地关注家庭的一举一动。另一方面，尚未发育成熟的心智，也决定了他们的抗压能力不会太强。就好像一个免疫力不强的人，置身于满是病毒的环境，一定最先被感染。

在压力环境中，孩子会更不安，更害怕发生爆炸。在没有办法的情况下，他只好硬着头皮站出来，去充当这个"减压阀"的角色。偏偏他的力气又太小，拧不动阀门，只能做些边角工作，尽量缓和压力。甚至大部分时候，他们的努力没有太多作用，更多的只是寻求一些自我安慰。

举个简单的例子，就一目了然。假设两个人吵架，甚至动起手来，你觉得谁来劝更容易？

A.同事或者同学；B.路过的陌生人；C.下级员工或者低年级同学；D.领导

答案是不是一目了然？领导只要出现，什么都不用做，啥也不用说，就能解决问题。而孩子却是一个尴尬的，类似于下级员工的角色。没有人给他面子，也很难顾及他的感受。

如果孩子当作没看见，对家庭中的压力不管不问，孩子就会陷入恐惧之中，万一这个气球爆炸，被炸得遍体鳞伤的，大概率是孩子。

孩子消耗自己，扮演"减压阀"角色

孩子必须做点什么，他必须身不由己地尽全力，或者超负荷地运转起来，来保持家庭压力平衡。让父母少吵架，让家庭多一些欢笑，他就觉得安心了。

孩子的能力有限，他能做的通常包括：尽可能地表现更好，乖巧、听话、认真学习；考个爸妈满意的好成绩；多干些家务活儿，帮爸妈分担家务，让父母轻松一些；努力安慰父母，做他们情绪的宣泄口，扮演"知心姐姐""知心大哥"的角色。

他们战战兢兢、如履薄冰地做着这些工作，脑子里却始终有根弦紧绷着，一刻也不敢放松。这就好比一个80斤的人，长期扛着100斤的担子，早晚会有受不了的一天。遗憾的是，他们就像一只小蚂蚁，兢兢业业地每天搬运食物，累得精疲力竭，腰酸背痛，实际产生的效果并不明显。

对于一个成年人来说，孩子搬了半天的东西，还不够塞牙缝。孩子所做的事情，对于家庭的实际作用聊胜于无。这种情况会给孩子带来绝望的无力感，这也会埋下心理问题的隐患。

减法家长
激发孩子内驱力的秘密

总是忍不住对孩子发火，怎么办

明明知道发脾气对孩子影响不好，却总是控制不了情绪，这是最常听到的家长的困扰。

似乎孩子有一种神奇的魔力，会让家长失去理智，一点就着。家长忍了又忍，最后换来的是惊天动地的情绪大爆发。

🍀 父母真的无法控制脾气吗

首先要明确一个问题：父母是不是真的无法控制脾气？假设一个场景：一个妈妈（爸爸）在训斥自己的孩子，情绪完全失控，此时突然手机响了，是老板打来的电话。你猜怎么着？像有魔法一般，妈妈（爸爸）可能上一秒还在狂风暴雨，接下来通电话时便如沐春风。川剧里有一个经典的"变脸"表演，名角只需手往下一抹，头一晃，就能完全变一张脸，前一刻还是孙悟空，下一刻就能变成黑脸李逵。这个表演，非常具有心理意义。我们每个人在社会中生活，都拥有强大的"变脸"技能。如有必要，只需一秒钟，我们便能完成情绪转换，没有比这更强大的控制力。

还有一种可能，来电话的是孩子的老师，家长也会立即切换客气、尊重的语气，仔细倾听。当然，电话那端可能有两种情况：一种是老师表扬了孩子，另一种情况是老师在这个不恰当的时机，继续投诉孩子在学校的不良表现。具体哪种情况,直接决定了孩子接下来的遭遇。

举这两个例子,仅仅是想说明一点:盛怒之下,我们依然是有理智存在的。在必要的时候,理智会瞬间恢复,帮助我们恰当地应对不同的场景。

在我接触的家长中,还有另一个有奇效的转折点:孩子出现心理问题。我亲眼见证父母们在孩子出现心理问题之后,态度出现的 360 度大转弯,不能骂,不敢说,甚至大气都不敢出,生怕惹孩子不高兴。父母就算憋出内伤来,也只能继续忍着,别无他法。

当然,这并非是一个理智、有效的处理方式,甚至会养成孩子通过"生病"来拿捏父母的习惯,进而导致事与愿违。举这些例子,只是想从一个侧面证明:**情绪可以控制,关键在于时机以及你想不想。**

🌿 面对孩子,父母为何控制不了情绪

那么,第二个问题来了:为什么面对孩子,我们总是忍不住发脾气?

现实一点说,我们大部分普通人,没有权利对身边任何成年人宣泄情绪。得罪了任何人,都可能会对我们的生活造成重大影响。唯一放心又敢发脾气的,就是对自己的孩子。

表面看起来,冲孩子发火的成本和代价都极低。孩子骂不走,打不散,关到门外他们还会拼命呼喊:"妈妈,我错了,我错了。"

他们不会也不敢转身摔门离开。更何况，要找孩子的错误，简直太容易了：玩手机，不做作业，做事拖拉，不搞卫生，等等。任何一件事，都足以为提供家长们"发火"的素材。

孩子们看起来又是那么"没心没肺"，刚骂完又像没事人一般，笑嘻嘻地过来找爸妈。看见父母冷着脸，孩子们便想尽办法逗他们开心，卑微得很。我们很容易认为：孩子还小，懂什么情绪，骂了就骂了，无关紧要。既然有一个方便又无害的情绪宣泄方式，干吗不用呢？

我愿意将之称为人性，或者人之常情。父母也是人，也有人性的弱点，对孩子发脾气，更多的是一种本能的情绪表达。要尝试控制情绪，其实是跟自己的本能对抗，这并不容易。然而，父母发火最大的动机，更多的是另一种为人父母的本能：对孩子的爱。

❖ 父母情绪从哪来

没有无缘无故的情绪，寻根溯源，能够帮助大家更好地理解自己的情绪。父母不是圣人，当然会有情绪。了解和接纳自己的情绪，探索愤怒背后的心理因素，是控制愤怒的重要步骤。

（1）过度付出

对孩子发脾气的父母不爱孩子吗？不，有可能是太爱孩子。过度付出，导致父母身心疲惫，加上高期待之后的失望，会让愤怒之火突然之间熊熊燃烧。

之前听说过一位妈妈，每天晚上要做两次晚饭：一次是晚上6点半，是大人吃的饭；一次8点，是给9岁孩子特意做的饭。

她说："因为孩子放学回家之后要看电视，然后再吃晚饭。孩子已经习惯这个点吃饭了，如果提前和我们一起吃，她会吃得很少，而且会发脾气。"为了孩子的身体健康，为了家里人都能够好好吃饭，孩子心情愉悦，于是这位妈妈不辞辛苦，每天做两顿晚饭，还要变着花样，尽量做孩子爱吃的。

做过饭的家长都知道，做一家人的饭多么烦琐，知道那种"做饭一小时，吃饭十分钟"的劳累，何况这位妈妈，一晚上要做两次饭，而且仅仅是因为孩子习惯了先看电视再吃饭。当然，这是一个相对极端的特例，但诸如此类一切围着孩子转、为了孩子放弃自己生活的父母，特别是妈妈，可以说是比比皆是。过度付出，期望回报的心就越强，这也是人之常情。

因此，当孩子不听话，或者孩子的表现让自己不满意时，愤怒就会像锅里的沸水顶着锅盖，按都按不住。为人父母，量力而行，关爱自己同样重要。

（2）担心教不好孩子

我们可以理解为这是一种因为恐惧引发的焦虑，进而转化成愤怒。我们人害怕自己教不好孩子，害怕自己的孩子落后于其他同龄人，焦虑他们在未来的社会竞争中败下阵来。

带着这种焦虑，会衍生出对孩子的种种"不满意"：成绩不够好，比不上隔壁的"小明"；待人接物不够有礼貌，被别人的孩子比了下去；孩子做事拖拉，总是要让家长催了又催。

诸如此类，总是会引发家长们无穷无尽的担忧以及自我怀疑：为什么我会教不好自己的孩子？一着急，一焦虑，怒火自然也就不易控制，随时都可能倾泻而出。

这种愤怒背后，其实更多的是家长的无力感，无法让孩子达到自己期待的无能感。

（3）亲子之间的等级观念

父母与子女之间，是不可能完全平等的。至少在孩子还需要依赖父母生存的这个阶段中，是完全不可能平等的。经济基础决定上层建筑，这个道理在任何时候都适用。孩子需要依赖父母才能生活下去，这就决定了父母拥有比孩子更高的话语权和决定权。这就有了我们习以为常地对孩子的基本要求：听话。

我们假定并且希望孩子会听父母的话，按照父母的意愿去做事。这个假定如此普遍，以至于我们已经将其认定为理所当然。那么当孩子不那么听话，甚至跟父母对着干的时候，愤怒就自然而然产生了：你这孩子，怎么可以不听我的？就像员工居然敢跟领导叫板，学生居然敢跟老师互怼一样，这是我们难以忍受的。愤怒爆发，也就天经地义了。

❦ 父母情绪化对孩子的影响

我们还是在这里在强调一下，过度情绪化对待孩子，会对孩子产生一些消极影响，希望更多的父母能防患于未然。

(1) 敏感自卑，自我怀疑

孩子没有明确的自我认知，面对父母的负面情绪，往往摸不着头脑，只是下意识地认为是自己表现不好，才让父母伤心或者生气。如果孩子长期生活在这种忐忑不安的氛围中，会养成敏感、自卑的性格，很容易陷入过度自我怀疑。

在人际关系中，对方眉头一皱，就会立刻不安。总是不断反思自己的问题的孩子，就属于这类。

(2) 错误榜样，不会控制情绪

家长经常发泄情绪，容易给孩子带来错误的示范，认为沟通就是情绪宣泄。面对问题无法进行合理表达，那么孩子就会用情绪化的方式来解决。

有的家庭，只要一沟通，就会自觉地切换到"吵架"模式，家里就像战场，互相丢炸弹，却达不到任何沟通的目的。

(3) 内心缺少安全感

简单而言，就是孩子不知道自己说了哪句话，做了哪件事，就会引起父母的情绪爆发。父母当然清楚自己是因为孩子的哪个行为发脾气，但孩子并非父母肚子里的蛔虫，他们并不清楚父母发脾气的原因。

有时候父母是只发脾气，并没有告诉孩子错在什么地方。因此，孩子只能时刻保持小心谨慎，生怕说错话，做错事，安全感也就无从谈起。

🌿 孩子错了，该怎么处理

难道孩子做错了事，也要笑脸相迎，装看不到，哄着孩子吗？当然不是。

成长中的孩子，必然需要家长的引导，需要指出他们的错误，这也是家长的教育责任。

A. 在批评的时候，保持平静和严肃（但不愤怒）的表情。区别于平时玩闹的轻松、愉悦表情。

B. 告诉孩子具体应该怎么做，告知孩子具体的步骤和细节，使孩子知道具体的操作。

C. 指出问题，但语气不要带有批评性质。郑重的语气会加重批评的意味，不需要用质问的语气来激化矛盾。

D. 用陈述句陈述事实，保持客观冷静，尽量不使用反问句。

E. 验收孩子改正之后的结果，确保孩子知道了正确的做法，并且为自己的错误承担责任。

为什么父母一吵架，孩子就特别"懂事"

想象一个场景：在父母一片争吵声中，孩子仿佛进入了无人之境，乖乖地在房间写作业，写完作业乖乖地去洗澡，接着早早地上床睡觉，不吵不闹，甚至不需要父母多提醒一句。

这是不是理想中的"懂事"的孩子？是不是奇怪自己家里的孩子打着、骂着也做不到那么听话？夫妻吵架这种无心插柳打造出的"懂事"孩子，似乎出乎父母的意外，也带给父母极大的安慰。却少有人问，为何父母长期争吵的家庭，孩子一般都会特别"懂事"呢？

🍀 父母是因我而争吵

在这种争吵中，父母以为孩子是旁观者，但孩子却确信自己是当事人。孩子因为社会经验少，对事情更倾向于"自恋"的解释，认为全部事情都与自己有关。换句话说，世界都是围绕着自己转。在孩子眼中，父母吵架一定是因为他。

有了孩子之后，夫妻之间最大的争吵焦点会集中于孩子的教育方式。爸爸主张孩子应该多一些体育锻炼，轻松学习；妈妈主张孩子要严格要求，不能输在起跑线上，要养成一个好的学习习惯。爸爸认为不用参加那么多补习班，能跟上就好；妈妈坚持要打好基础，每个同学都上补习班，自己的孩子不能落后。爸爸认为孩子不用严格要求，自己慢慢就会懂事；妈妈气不打一处来，指责爸爸不负责任，不关心孩子。

孩子不会明白，他只是刚好成为争吵的焦点，没有他，也会有张三、李四，根源在于父母的观念，而不在于他。诸如此类，父母如果因为经济原因吵架，孩子会责怪自己花了太多钱；父母因为对方在不在乎自己吵架，孩子会以为是自己不乖，父母才会不高兴；父母因为今天应该谁洗碗吵架，孩子会以为是自己不懂事，没有主动帮爸妈做家务。

越小的孩子，越会将家庭冲突的责任都归结到自己的身上。他们是通过自己来认识家庭，又通过家庭互动来了解身边的人。就像涟漪一样，他会认为所有的波纹都是从自己扩散出去的。即使家长告诉孩子，"爸爸妈妈吵架跟你没关系，你不要多想"，也基本上是徒劳的。孩子会认为："怎么可能和我没关系，你们明明提到了我不听话。"

何况在一个家庭中，根本就不可能有旁观者，只要身处其中，都会被家庭的氛围影响。处于弱者位置的孩子，更不可能置身事外。既然不是旁观者，那就必须劝架。但孩子深知自己在家庭中没有足够的话语权，父母也不会因为自己的劝导而停止争吵，唯一可以做的是什么？那就是自己乖巧懂事一些，做得更好一些，让父母都满意，父母就不会有矛盾，不会再吵架。总之，孩子会尝试用自己的方式保护家庭。

气话，不要当真吗

或许大家会说："夫妻只是意见不合吵一下，吵过就算了，哪里会真的离婚。"

你也许无法想象，在一个孩子眼中，针锋相对，面红耳赤，肆意攻击对方的样子有多么恐怖。孩子可能无法想象，对自己温和宠爱的父母，竟然还有这样一面。如果自己不听话，不懂事，父母会不会也如此对待自己？

这是旁观者效应，杀鸡儆猴用的就是这一招，只是父母无心中使出了这个撒手锏。

即使吵架的时候气头上说出"不想过就离婚"，转头大人就当什么事也没发生过，照常生活。但是，你确认成年人的游戏孩子一定能明白吗？孩子如何确定哪句是真，哪句是假呢？

你可能觉得，"这明显就是气话，谁会当真"？但孩子会当真，特别是他最害怕的事情。本着"宁可错杀一万，不可放过一人的原则"，只要有任何吹风草动，孩子都尽可能全力迎战。

有人会说："我们从不当着孩子的面吵架，都是等孩子睡着了才爆发。"首先，不要轻视孩子的觉察能力。日常察言观色，便看得出来父母的相处有没有问题。当父母吵得激动的时候，又如何能控制住自己的情绪？万一音量过大，被孩子听到呢？那干脆不吵了，对彼此有什么意见也不说！父母之间的爱意，即便闭上了嘴，也会从眼神里流露出来，不满也是如此。

父母之间用虚伪的微笑和隐忍的克制来掩盖矛盾，表面上看是不"吵架"了，但其杀伤力并不亚于"吵架"，敏感的孩子一样能看出这种不安的"和谐"。孩子不能表达发生了什么，但绝对能感受到家庭氛围不对劲。隐隐感觉到不对劲，就会引发孩子无穷的遐想，父母到底怎么了？家里会发生什么不好的事情吗？爸爸妈妈怎么都这么不开心？

想象出来的恐惧才是最恐惧的，想象力有多丰富，恐惧就有多深。不要小看孩子的感受力，更切忌以成年人的标准来揣测孩子的行为。

❋ 孩子为何要保护家庭

孩子是家庭中的绝对弱者，是必须依附父母才能生存的。父母当中的任何一方都可以对这个家不满意，离家出走，或者干脆离婚，放弃这段关系，但孩子不可以。

这个家是唯一能够保护他，保证他能够安全成长的地方。如果家散了，对孩子而言，就是关系生死存亡的大事。看到父母恶语相向，甚至拳脚相加的场面，听到父母一口一个"离婚"，生气的时候说"你滚"！甚至，在某一天郑重其事地问孩子："如果爸爸妈妈分开了，你要跟谁？"孩子会迅速启动自我保护机制，保护自己的家，保护自己唯一赖以生存的地方。

撒娇任性，是有足够安全感的孩子的特权。如果家已经摇摇欲坠了，孩子当然要把自己最好的一面表现出来。他们坚信：只要自己表现得足够好，父母便不会再争吵，家便不会散。

被抛弃的恐惧，可以让一个孩子变成任何父母想要的样子。

父母喜欢懂事的孩子，他就可以变成懂事的孩子。父母喜欢努力学习的孩子，他便会积极地每天到家就做作业。父母喜欢听话的孩子，他便有求必应，随叫随到。联想一下，作为成年人，若是你怕老板炒你鱿鱼，你也会表现出一个"三好员工"的模样，以此来赢得一个工作的机会。

在家庭中，对于孩子来说，这样的恐惧和焦虑会被放大无数倍，孩子会如履薄冰地做一个"好孩子"的角色。如果一向调皮、不爱学习的孩子，突然变得积极、好学、听话，每天拿着书本，千万不要高兴得太早，事出反常必有妖。

孩子的天性是爱玩，是什么开心做什么，是随心做事，而懂事、听话显然跟这些天性背道而驰。是什么能够让他心甘情愿地压抑自己的天性呢？是他找到了自己的人生目标吗？更大可能或许是因为恐惧、担忧，像一条狗一般在背后追着他，让他不得不跑。

一个十岁的孩子说："父母一吵架，我就想学习，学起来还贼起劲。"他可能自己也不知道，这突如其来的"干劲"究竟是哪里来的。无法解释的行为背后，更多的是内心的不安和慌乱。潜意识里，孩子需要确认，需要父母温柔赞赏的眼神，需要家庭和谐欢乐的气氛，以此确认家不会散，自己不会被抛弃。所以，千万不要小看一个孩子的洞察力。

🌿 吵架和争执是不可避免的

你以为我要劝夫妻尽量不要争吵，甚至连争执都不要有，夫妻相敬如宾，举案齐眉吗？不是。我们必须接受吵架和争执，因为这些在家庭关系中基本上是不可避免的。

即使著名的金婚夫妻，外人眼中的模范夫妻，据说也至少有五十次想掐死对方，五十次想离婚的冲动，何况刚进入磨合期，面对各种压力的新手夫妻。英国剑桥大学的研究认为，吵架是亲密关系中的基本活动之一，是一种谈判。人们通过争吵来确定自己的人际边界，通过生气的情绪来捍卫自己的界限，例如什么可以妥协，什么不能妥协。

在日常生活中，有多少人从来都没经历过父母争吵，没有旁观过亲戚之间、左邻右舍乃至陌生人之间面红耳赤的争吵场景呢？有句俗话说："舌头和牙齿这么亲近，还打架呢。"虽是俗话，却有深意。基本上，有人际关系的地方就避免不了摩擦，避免不了争吵，这甚至是人们相处的必备方式之一。

那么，凭什么就认为孩子一定无法承受父母的任何争执呢？退一万步讲，父母竭尽全力营造一个完全没有争执，完全没有冲突的真空环境来陪伴孩子成长，那么孩子之后在人际关系中就不会遇到争吵，就不会遇到意见不合吗？他将如何面对自己跟同学、同事、上司的意见不同，如何表明自己的立场，争取自己的权利呢？

从未经历过关系紧张和偶尔争执的孩子，如何明白其实有冲突也可以解决，有冲突并不代表关系会破裂呢？孩子将来要面对的世界，不会都是温和的，孩子也需要通过捍卫自己，才能抵挡别人的侵犯，这时候孩子又将如何自处？孩子不可能永远生活在无菌的温室中，永远不面对争吵，不接触冲突。

就此而言，"假和谐"的家庭，或者说为了避免发生冲突而拒绝沟通的家庭，一次架也无法吵起来的家庭，何尝不是另一种悲哀。一方歇斯底里，另一方沉默不语，就像雕塑一般，这种家庭现实中也存在。回避家冲突，一般有两种原因：要么幼年经历太多争吵和冲突，要么从未经历过争吵，根本不会争吵，不会沟通想法。

"吵架"可以说是一个中性词，不同的"吵法"，不同的强度，不同的节奏，能够"吵"出色、香、味完全不同的效果来。关键在于"怎么"吵，而不是一味地逃避"吵"。

🍃 为人父母得学习如何"吵架"

真正影响孩子的不是吵架，而是吵架的方式。你的家庭会如何争吵呢？举几个"爆炸式"的争吵方式。

A. 争吵中对另一半表现出轻蔑的态度。

B. 取笑对方，把对方说得一无是处。

C. 喜欢冷战，让对方困惑而抓狂，最后相互不理不睬。

D. 夫妻各自拉孩子站队，向孩子哭诉，或否定另一方，排除另一方。比如"我真是瞎了眼，才找了你爸，你可千万不能学我"！

这些危险"炸弹"式的吵架方式，几乎都不是为了沟通，只是为了攻击对方，宣泄情绪，都向对方扔炸弹。这种情况，你说孩子怎么能不被误伤吗？家里被"炸"得一片狼藉，又谈何沟通，谈何达成一致，谈何家庭稳固呢？

真正对孩子有影响、有伤害的,其实是"扔炸弹"式的攻击,这种攻击是"你死我活"的,而不是传统意义上的"吵架"。对于年幼的孩子来说,知道争吵和争执并不会真的断了关系的联结,父母之间不会因为争吵而不爱对方,是非常重要的一件事情。

学习如何吵架和管理争吵,是非常难的事情。但最重要的一点是,千万不要让事情演变成和配偶互相大吼大叫或者拳打脚踢的地步。当你察觉双方的讨论即将演变成难以控制的局面时,告诉对方你需要冷静一下。如果你觉得非常生气和难受,可以告诉对方,等我没那么激动的时候,大家继续刚才的话题。你可以找个地方坐下来,或者去房间冷静一下。在情绪失控之前,就要立刻采取上述做法,否则一旦拖下去,愤怒一上头,人便会失去控制。

可以在当天稍晚的时候,双方都冷静下来之后,找个时间和对方聊聊,尝试平静地沟通。如果还是无法冷静,那就继续休战,继续冷静。不管是不是在孩子面前,父母一定要让孩子看到自己对于"争吵"的态度:当父母之间面临即将失控的状况时,就要立刻停战。

也就是说,孩子不会看到父母关系崩盘,不会看到父母互相伤害的一面。这会让孩子知道,父母之间仗打不起来,不存在"你死我活"的可能。他也能学着用这样的方式,去处理与他人的人际关系。学会争吵,同样是为人父母的必修课。

以前的孩子也挨打挨骂，怎么没有心理问题

这是一个常被问到的问题，也是让很多家长困惑和想不通的问题。明明教育方式都一样，以前的孩子生活还更艰苦一些，也没那么多人关爱，不也长大了吗？现在的孩子什么都不缺，怎么还反而各种心理问题频发呢？

以前科普的局限

有一个很有意思却又有些滑稽的问题是：18世纪的时候，我们才发现氧气。那么在这之前的人们，都呼吸什么呢。这个问题是不是很搞笑？但其实我们很多时候会陷入这样的思维陷阱中：看不见的，就当不存在；没发现的，就当从来没有。

心理问题由来已久，很多古代文学作品中，就可以窥见一二。只是那时候，我们不知道那叫心理问题，不把它们称为抑郁症、焦虑症。我们会以已有的知识，来解释这些奇怪的现象，比如说：

"谁谁谁，莫名其妙地就喝农药死了。"

"这人怪怪的，是不是中邪了？"

"这个人就是个疯子，性格有问题，动不动就大吵大闹。"

随着社会的发展，我们会更深入地研究一些不熟悉的问题，希望更科学、更系统地解释它。科普的意义，从来都不是没问题找问题，而是将已有的问题探索得更通透，让我们能够更有针对

性地处理。

🍀 现在孩子没有时间和空间消化情绪

现在的孩子，基本是从小学就开始"卷"，所有的时间都被安排得满满当当。唯一消化情绪的方式，恐怕只有看看综艺节目，玩玩手机，打打游戏了。

下面分享一个我觉得很有代表性的一位家长的自述："记得我读高中之前，学习是很轻松的，那时也没有补习班，做完作业有大把时间可以疯玩，还有很多同龄小朋友，有什么不开心的事，玩半天也就忘了。有一次我跟我妈吵了一架，吵完去找同学诉苦。刚去的时候气得要命，跟她说我要离家出走。但是玩到晚上早就把这事儿忘脑后了，几个小时后就高高兴兴地回家了。"

现在的孩子呢？生活几乎是学校和家两点一线，生活里除了学习还是学习。早上六点多到校，晚上十点多才放学，白天连上十几节课，晚自习还要上课。孩子完全处于一种填鸭式的学习状态，时间、空间都被限制得太死。被管理得太精细了，孩子没有自我发挥的空间，小小年纪就活得像机器。

如此状态下，孩子有情绪怎么办？只能是憋着、压着，直到小小的内心被撑爆为止。这也是为什么很多家长觉得现在的孩子"小心眼"，太敏感的原因。他们的心被塞得太满，一点多余的情绪就足以让他们崩溃。

🍃 心理问题，也是有积极功能的

我们总是习惯将心理问题看作是不好的，消极的，其实换个角度，出现心理问题，真的完全没有积极意义吗？个人认为，心理问题其实很多时候是有积极功能的。出现抑郁、焦虑的孩子，有很大一部分其实是在自救。

同样是挨打挨骂，以前的孩子可能根本没有反抗和自救的机会。一个家庭里五六个孩子，每个人都挨打，你一个人反抗，有胜算吗？父母每天都在为生计发愁，你确定他们会为了你的不开心去反思，去四处求医吗？

繁忙又疲惫的父母，除了简单粗暴的打骂，也找不到其他更有效的办法。为了好好地活下来，作为孩子的你，还能怎么办呢？只能努力表现好，懂事、乖巧，发挥自己在家庭里的作用，努力寻求认可，体现价值。

至于你开不开心，心里憋不憋屈，是不是被理解，没有机会去想。压抑、隔离、假装看不见，是以前的人必备的生存哲学。

🍃 解决问题，也是在修复关系

我个人还是觉得现在的孩子更幸运一些，至少有面对事实，去抗争、去表达的机会。不被尊重，委屈，不公平对待，还可以通过"生病"这条路去表达，去争取权利。

在我接诊的心理治疗案例中，大部分父母面对孩子的心理问题，还是会紧张、担忧和重视的，会想方设法带孩子治疗。做得

减法家长
激发孩子内驱力的秘密

更好一些的父母,会听听专业的意见,反思自己在教育中存在的问题。孩子通过"生病"来告诉父母:你们有些地方需要调整,你们不够了解我。这要是在以前的年代,估计是很难想象的。

常听到家长们在回忆童年经历时,会谈到原生家庭的创伤:父母重男轻女,缺少陪伴,家庭关系紧张。只是在他们成长过程中,没有机会去表达,去改变,只能强撑着长大。等到自己独立了,父母已经六七十岁了,再去表达,多少有些为时已晚。年迈的父母很难理解子女的想法,最多只是基于权利转移的考量,做出妥协和让步,但那可能并不是我们真正想要的。

孩子在成长过程中,能争取到表达内心的机会,家庭关系能够就此改善,何尝不是一种幸运。这在以前的年代,估计是很难想象的。当然,不是所有的抗争都能获得想要的结果,至少孩子们在彻底崩溃和绝望之前,还能抑郁、焦虑、厌学,这至少也是多了一条改变之路。

我也时常在思考,是不是真的现在的孩子太脆弱了,动不动就出问题?我认为不是。现在的孩子更幸运,也更有勇气来面对真相。心理问题暴露出来,不一定是坏事,证明我们在面对问题,解决问题。

就像前文说的,很多心理问题也都有积极的一面,并非完全都是消极的。掩盖问题,假装父慈子孝,一片太平,那才是有问题。

孩子的情绪，父母该怎么接

青春期无疑是孩子情绪问题的高发期，孩子出现抑郁、焦虑、压力大等情绪问题，肯定会痛苦、挣扎，经历折磨。我们关注、同情这些孩子，却往往容易忽略跟孩子一样濒临崩溃的家长。一旦孩子出现情绪问题，父母会被迫进入一种"打不还手，骂不还口"的"无我"境界，尽可能哄着孩子，陪着孩子，期待孩子好转和康复，妥妥的孩子的"出气筒"角色。但父母们过度承担孩子的情绪，并不是一个上佳的选择。

父母也是人

有句话说得好，成为父母，会让人既拥有铠甲，也拥有软肋。无论孩子出现任何问题，所有人都可以逃离，只有父母不可以。

"父母"的身份，注定了对孩子拥有一份天然的责任，却也是一种无声的束缚。在现代这个社会，父母有很多默认的应该具备的能力：给孩子提供足够的经济支持，让孩子衣食无忧；给孩子提供好的教育资源，把孩子培养成才，成为社会的栋梁；孩子出现情绪问题之后，要无条件地接纳和陪伴孩子，用爱感化孩子，不离不弃，给孩子一个稳定、安全的环境。

这是社会对父母的期待，也是孩子对父母的要求。看起来合情合理，却忽略了一个重要的前提：父母也是人，不是神。用神的标准来要求父母，即使父母们出现对孩子强大的爱意，短时间内达到了合格父母的要求，但也会面临耗竭和透支的局面，难以长久持续下去。

🌸 溺爱不利于孩子适应社会

换到孩子的角度，父母像对待婴儿一般，凡事都将就孩子，哄着孩子，生怕他们有半点不高兴，真的就是对他们好吗？其实未必。

问题的关键在于，孩子不可能永远待在家里，最终都要走向社会，去跟其他人交往互动。进入社会后，其他人能够容忍孩子的情绪吗？不能。

这就导致一个后果：孩子希望赖在家里，不上学，不跟外界接触，或者在外人面前过度压抑自己，从不表露真实情绪，回到家就放飞自我，想骂人就骂人，想砸东西就砸东西，在两个极端之间反复横跳。对比之下，外面的生活就显得格外压抑和痛苦，自然就更希望赖在家里。

对孩子好，没问题；但对孩子太好，可能会产生不想看到的副作用。

🌸 父母的长期容忍，不利于疏导情绪

前面我们谈到，父母也是人，也有七情六欲，也有人性的弱点。因此，大部分父母承担孩子的情绪，其实都是靠一个字：忍。忍受孩子的无理取闹，在孩子需要的时候，充当他们的人形沙袋，

一忍再忍。

父母将孩子的负面情绪吸收到体内，之后怎么办呢？没办法，只能憋在心里，一层又一层地积累。这就好像每天都往同一个气球里吹气一般，负面情绪越积越多，气球被撑得越来越薄。终于有一天撑不住了，爆了。

长期容忍之后，父母也受不了。某一天，父母索性将长久积累的不满一股脑全倒出来，直接跟孩子开战："你这个样子，没人受得了你，没人想跟你待在一起！""爸妈也没有义务忍受你的打骂，你这样子会被雷劈的！""你再这样下去，这辈子就毁了，没救了！"

父母情绪爆发之后，忍耐了很长时间，好不容易缓和的亲子关系，瞬间土崩瓦解。孩子觉得父母之前的样子都是装出来的，根本不理解自己，根本没有接纳自己。父母更是委屈，自己都快崩溃了，还要在孩子面前赔笑脸，更可气的是孩子还不领情，简直就是"冤大头"。

费力不讨好，是对这种情况的最佳形容。

孩子不愿意改变和成长

作为心理医生，常碰到这样一种情况，家长主动找到我们，说孩子的情绪有问题，应该接受治疗；但是孩子不愿意配合，孩子觉得自己挺好的，不需要改变。

父母觉得很奇怪，你明明情绪很不稳定，天天莫名其妙地发火，学也上不，也不出去跟人接触，怎么会没问题呢？难道孩子不觉得难受吗？实际情况是，孩子们觉得难受，但他们觉得改变更痛苦，于是干脆停在原地，直接耍赖。

孩子耍赖背后，有一个重要的原因，就是父母在充当孩子的"出气筒"，承担孩子大部分的负面情绪。也就是说，孩子不开心时有地方可以宣泄，不会憋得崩溃。孩子情绪来了，就传递给父母，父母接收下来并帮他们消化，这样就形成了一个顺畅的闭环。

既然有父母在撑着，自己干吗要改变呢？维持现状不是挺好的吗？而作为孩子情绪终端的父母，就苦不堪言了，他们不能向孩子宣泄，不能向同事宣泄，更不可能跟长辈抱怨，只能自己忍着，直至憋出内伤。更郁闷的是，孩子似乎依赖上父母的包容，根本不愿意改变。

❀ 父母处理孩子情绪的办法

前面说了这么多，其实就是想表达一个观点：父母过度承担孩子的情绪，不仅会让父母苦不堪言，也会令孩子过度依赖父母和家庭，不愿意成长和改变，最终得不偿失。

要改变这种模式，可以从以下几个方面入手。

（1）在难受时暂时离开

孩子过度情绪宣泄，例如砸东西、乱骂人等，如果这些行为让家长感觉自身状态已经非常难受，可以选择暂时离开。例如回到自己房间，或到楼下走走，冷静一下。离开之前，告诉孩子："我很难受，需要透透气。等你冷静了，我们再沟通。"

不勉强自己，也不一定非要在孩子宣泄负面情绪时陪在身边。毕竟，这时候孩子就像拿着箭胡乱射的大侠，谁碰到谁遭殃，规劝、沟通这时候都起不了任何作用。既然解决不了问题，暂时撤退和自保，也不失为一种选择。

（2）坦诚地跟孩子表达感受

我们说不过度承担孩子的情绪，并不是说要"以牙还牙，以眼还眼"，孩子怎么对父母，父母也要同样还回去，那样只会给孩子造成错误的示范，破坏亲子关系。

父母需要让孩子知道父母也是人，也无法整天承受他的负面情绪，这跟爱不爱他，关不关心他没有关系。可以挑选双方都比较冷静的时候，坦诚地跟孩子表达自己的感受。例如，说出孩子骂自己的时候，自己也会很委屈，很憋闷。

同时，也可以跟孩子讨论一些情绪激动时的相处方法，以便最大限度地保护双方，免受伤害。

（3）拥有自己的圈子和生活

很多家长在孩子出现心理问题之后，会选择辞职或者请假陪伴，希望多一些时间跟孩子待在一起，以便更大限度地帮到孩子，帮助孩子早日康复。这样做当然是出于父母的责任感和对孩子的关爱，只是这种相对激进的做法，可能会引发新的问题。

家长将全部注意力都放在孩子身上，孩子和父母就形成了一个闭环，双方可能会相互纠缠，彼此折磨。家长没有自己的生活和圈子，负面情绪自然也就无从宣泄，只会越积越多。

这种不断相互消耗的互动模式，显然不是一个持久战的打法。一两个月还勉强能接受，时间一长，双方也都濒临耗竭了。因此，还是建议家长拥有自己的圈子和生活，适时地跟其他人多接触，也算有一种心理上的放松和宣泄。

毕竟，家长保护好自己，才可能帮助到孩子。

（4）把情绪管理的责任还给孩子

如果把负面情绪比作一个小炸弹，孩子抛出来炸弹，父母担心孩子会被炸弹炸伤，于是奋不顾身地抢过炸弹，抱在自己怀里。最终炸弹爆炸，父母被炸伤。反复多次之后，父母也害怕了，担心孩子又要丢炸弹，天天提心吊胆的，自己也会处于崩溃的边缘。

换个思路，我们除了眼睁睁地看着炸弹爆炸，还可以跟孩子一起化身"拆弹专家"，双方都穿上防弹衣，好好研究一下解决办法。把炸弹摆在桌上，研究一下炸弹的结构、原理、成分，找到解除的原理，这样双方都能少受伤，或者不受伤。

综上，建议父母们不要太积极地把孩子的情绪炸弹接过来，让情绪停留在双方中间，陪着孩子好好去分析一下他的情绪是什么，引发情绪的原因是什么，怎么才能感受好一点。解决情绪的核心责任还是在孩子，父母只是陪伴、支持和适时指导的角色。